中国企业境外投资合规指引

黄润生　黄冰莹　主编

中国商务出版社

·北京·

图书在版编目（CIP）数据

中国企业境外投资合规指引 / 黄润生，黄冰莹主编.

北京 : 中国商务出版社，2024. 8. -- ISBN 978-7-5103-5492-2

Ⅰ．F279.23

中国国家版本馆 CIP 数据核字第 2024T5M000 号

中国企业境外投资合规指引

黄润生　黄冰莹　　主编

出版发行：中国商务出版社有限公司

地　　址：北京市东城区安定门外大街东后巷 28 号　　邮编：100710

网　　址：http://www.cctpress.com

联系电话：010-64515150（发行部）　　010-64212247（总编室）

　　　　　010-64515210（事业部）　　010-64248236（印制部）

责任编辑：陈红雷

排　　版：北京九州迅驰传媒文化有限公司

印　　刷：北京九州迅驰传媒文化有限公司

开　　本：710 毫米×1000 毫米　1/16

印　　张：10.5　　　　　　　　　字　　数：170 千字

版　　次：2024 年 8 月第 1 版　　　印　　次：2024 年 8 月第 1 次印刷

书　　号：ISBN 978-7-5103-5492-2

定　　价：98.00 元

本书编委会

（排名不分先后）

主　编　黄润生　黄冰莹

编　委　丁学明　黄润生　叶　娟　吴　昊

　　　　邱依茹　黄冰莹　赖玉婷　陈梦园

　　　　熊雅洁　张　萱

序　言

近年来，随着中国经济实力的增强和经济全球化的全面发展，越来越多的中国企业开始"走出去、谋发展"。

从高质量可持续发展角度出发，境外合规风险管理是中国境外投资企业行得远、走得稳的必要条件。构建境外运营合规管理体系不仅是我国政府的强力要求，也是国际合规形势下的必然趋势。

我国相关监管部门针对企业在境外投资经营过程中所面临的各类问题，密集出台了各类规范性文件，加强企业境外投资经营的合规工作。例如，2017 年 5 月 23 日，中央全面深化改革领导小组发布《关于规范企业海外经营行为的若干意见》；2017 年 1 月 7 日，国务院国有资产监督管理委员会发布《中央企业境外投资监督管理办法》；为解决少数企业合规意识不强，合规管理相对薄弱的问题，2018 年 12 月 26 日，由外交部、商务部等七部委印发《企业境外经营合规管理指引》，具体内容包括境外设立公司、境外投资并购、进出口贸易、境外工程承包等活动相关合规管理，并指出"合规是企业'走出去'行稳致远的前提，合规管理能力是企业国际竞争力的重要方面"。

越来越多的国家或国际组织相继出台与外国投资相关的投资监管措施，相关限制政策数量增加明显。例如，2005 年，《联合国反腐败公约》将贿赂外国公职人员及国际公共组织官员等行为定为犯罪行为；2010 年，发布了《世界银行廉政合规指南》，并与其他几家多边开发银行签署《共同实施制裁决议的协议》，约定如有公司违规并触发联动制裁机制，将受到这几家多边开发银行的共同制裁；2018 年 5 月 25 日，欧盟出台《通用数据保护条例》（General Data Protection Regulation，

GDPR），对在欧盟境内的任何个人、公司或组织对个人数据的处理行为、在欧盟境内销售商品服务或监控欧盟个人的行为，及代理其他公司进行数据处理的行为设置了严格的监管要求及高额处罚措施。此外，与环境、社会和公司治理（Environment Social and Governance，ESG）相关的合规风险，也让中国企业面临不少挑战，中资企业面临的 ESG 合规风险主要有三类，一是环保合规构筑"绿色"投资壁垒；二是供应链中的所谓劳工等问题；三是在数字经济领域，容易遭受隐私合规方面的挑战。

对于中国企业而言，须改变传统视角下境外投资主要遭遇的是东道国政治风险方面挑战的认识，更多的为应对新型安全审查和各类经营合规风险制定预案。中国企业在东道国投资经营，需要了解东道国的法律环境，通过实地调研或聘请有资质的专业服务机构等方式，了解东道国外商投资、环境保护、土地、税务、劳工、外汇等法律法规，结合企业实际运营情况，建立健全企业合规管理体系。

企业合规管理体系建设可涉及方方面面的内容，如建立合规管理组织机构、制定全面的合规管理制度、建立合规监督和检查机制等。不同类型的企业因涉及不同的行业属性、规模及经营方式，尤其是在境外投资过程中因涉及不同国家和地区，更是在合规管理体系建设方面存在着巨大差异。若企业无法根据自身情况搭建真正适配的合规管理体系，或只是照搬其他企业已有的成果，必然无法真正达到合规目标。在漫漫合规建设路程中，究竟应关注哪些核心问题或者说合规管理体系建设究竟要解决哪些本质问题，是企业首先要考虑的。其中，建立风险识别与评估机制、合规审查机制、合规管理组织架构的搭建，以及合规文化建设是企业合规管理体系建设脉络中的关键，也是企业在建立合规管理体系的过程中串联一切要素的核心。

在境外投资合规体系构建过程中，合规风险识别和评估是要解决的首要问题，也可以理解为确定合规义务的来源。确定合规义务的来源要求企业明确内外部监管环境。对于中国企业境外投资来说，合规义务的来源较为复杂，不仅涉及中国国内，还涉及投资的东道国甚至国际组织；不仅要确定企业的通用监管要求，也要根据企业行业范围确定特殊监管范围，如施工企业更多的要受建设主管部门的监管。合规风险识别并非一劳永逸的工作，企业必须建立常态化的合规风险识别机制，才能保障合规风险的持续识别。对于"走出去"的中国企业而言，充分研究中国及东道国相关法律法规（尤其是与所在行业相关的法规）、搜集同行业其他企业在境外投资过程中的合规案例并进行研究、在境外落地及经营过程中不断接收合规风险信息（包括企业自身在不断试错过程中积累的经验），都是确定合规义务来源及合规风险识别的重要手段。企业在开展风险识别和分析之后，需要对这些合规风险作出定性或定量的评价，即合规风险评估。所谓"合规风险评估"，是指企业根据风险识别和风险分析的结果，从合规风险发生的可能性以及合规风险出现不良后果的概率等方面所作出的综合评判。通常，企业合规风险可以从两个维度进行量化评价：一是确定合规风险发生的"概率"，即如果不采取任何合规管理措施，企业发生这种违法违规的行为具有多大的可能性；二是不合规可能带来的"影响"，也就是假如发生了上述违法违规行为，企业可能会受到哪些直接或间接的影响，会遭受哪些方面的损失。

在企业建立完成合规风险识别及评估体系后，合规审查则是在经营管理过程中涉及经营决策、日常管理、合同签署等事务时，就相关事项是否会触发合规风险进行评价和审查的过程，也是合规管理体系建设中的重要一环，应当作为必经程序嵌入经营管理流程。可以说，合规风险识别评估与合规审查是互为因果且相辅相成的两个关键步骤，合规风险识别评估是为合规审查做准备，而合规审查则是为了避免或控制前期识别和评估出来的合规风险。合规审查的依据是各企业制定的"合规章程"，即以书面化的方式将企业确定的合规依据、规则、实施措施等呈现出来的依据。不同企业的合规章程往往以不同的形式呈现。例如，一些企业会根据专项合规类型、业务领域等制定独立的合规章程，而另一些公司则是将合规章程以合规条款的形式纳入企业管理章程、员工行为手册等既有文件中。

合规体系建设中的另一个主要模块是合规管理组织架构的搭建，也就是哪些机构、哪些人员来负责及确定企业的哪些合规问题。通常来讲，合规管理组织架构的搭建主要包括四个层面的内容，一是公司治理机构，包括董事会、经理层等的合规职责；二是公司领导和合规领导机构，包括主要负责人、合规委员会、首席合规官的合规职责；三是公司部门层面，包括业务和职能部门、合规管理部门、监督检查部门"三道防线"的合规职责；四是员工层面，包括专职合规岗、合规管理员、全员的合规职责。人是一切的根本，合规管理组织架构的搭建对企业全面合规管理体系建设具有根本性、基础性的作用。

合规文化是企业文化的重要组成部分，也是保障合规管理体系有效运行的重要支撑。合规文化的培育作为最为抽象的企业合规管理要素，被视为企业合规管理的内在价值目标。在推进合规文化建设中，企业要注重合规文化与合规管理、业务管理的深度融合。同时，企业应建立常态化合规培训机制，持续开展合规文化的教育与培训工作，通过道德教育、自律管理、宣传警示，在企业中树立良好的合规意识。在中国企业境外投资过程中，合规文化的建设还须理解、尊重并融合东道国的社会文化，真正做到合规文化的本地化。

本书将结合上述合规体系搭建的底层逻辑，通过基本概念分析、对比不同国家的法律法规、相关案例介绍、提出合规建议等，对企业在"走出去"过程中遇到的各类型合规问题展开全面阐述。企业境外投资所面临的合规问题涉及众多维度和领域，如由外交部、商务部等七部委联合印发的《企业境外经营合规管理指引》中第七条规定"企业开展境外投资，应确保经营活动全流程、全方位合规，全面掌握关于市场准入、贸易管制、国家安全审查、行业监管、外汇管理、反垄断、反洗钱、反恐怖融资等方面的具体要求"。另外，也有诸多企业在境外投资过程中遇到关于环境保护、劳动保护、数据安全、知识产权等方面的合规问题。鉴于本书篇幅有限，仅对其中八个合规问题展开分析，具体包括境外投资审批备案合规、国家安全审查及市场准入合规、税务合规、劳动合规、反腐败合规、数据跨境合规、知识产权合规、环境保护合规。这些合规问题是企业从国内"走出去"开始到东道国落地经营过程中普遍遇到的。对于中国"走出去"企业而言，全面了解其在境外投资过程中遇到的各类合规问题是基础，重视并全方位完成境外投资合规体系搭建则是关键。在投资前期，企业需要搭建起境外业务的合规识别和管理体系。在投资中期，企业需要根据自身在境外业务的实践经验和遇到的问题，协同专业律师团队逐步制定境外业务合规风险防控制度。在投资后期，企业需要根据自身实际面对的合规事件、争议案件，协同专业律师团队建立境外业务合规风险应对机制。

复杂的全球局势加剧了全球市场的多变和不确定性，境外合规风险在不断被放大。对于"走出去"的中国企业而言，只有清楚了解各种类型合规问题、树立合规理念、搭建合规风险管控组织体系、重视合规风险的评估和预警、重视合规文化的建设，才能让中国企业行稳致远，真正实现国际化。

目　　录

第一章

对外投资的核准和备案管理

随着共建"一带一路"倡议的深入推进，中国企业"走出去"的步伐日益加快，跨境投资成为企业拓展国际市场、增强全球竞争力的重要战略。国内审批与备案作为"走出去"的首要步骤和关键环节，其重要性和复杂性不言而喻。它不仅关乎企业投资的合法性与合规性，更是企业能否顺利融入国际市场、实现可持续发展的关键所在。因此，企业必须高度重视这一环节，提前做好充分准备和规划，以确保投资活动的顺利进行。

本章将介绍中华人民共和国发展和改革委员会（以下简称国家发改委）、商务部、外汇管理局等部委关于境外投资的相关规定和操作流程，旨在帮助企业全面了解"走出去"的相关法规政策与具体流程，确保企业在境外投资过程中能够实现合法合规、高效运行。

第一节　企业对外投资核准和备案的规定与内容

一、国家发改委

（一）境外投资政策文件与法规指导

中国企业在进行境外投资之前，应充分了解相关法律法规与政策文件。以下是企业应予以关注的重要政策性文件：

（1）国务院办公厅转发国家发展改革委、商务部、人民银行、外交部《关于进一步引导和规范境外投资方向指导意见》的通知（国办发〔2017〕74号），该文件按照"鼓励发展+负面清单"模式，将境外投资活动分为鼓励、限制和禁止三类，并给出具体的投资指导方向。这有助于企业在规划境外投资时，明确投资方向，避免触碰政策红线。

（2）《企业境外投资管理办法》（国家发展改革委令2017第11号），这是企业办理境外投资项目备案的根本指导性政策文件。它详细规定了企业进行境外投资的管理要求，包括投资项目的核准与备案等程序。

（3）《国家发展改革委关于发布企业境外投资管理办法配套格式文本（2018年版）的通知》（发改外资〔2018〕252 号），此文件为办理境外投资项目备案企业提供了其所需提交材料的标准格式文本和填报指南，有助于企业规范、高效地完成备案手续。

（4）《关于发布境外投资敏感行业目录（2018 年版）的通知》（发改外资〔2018〕251 号），该通知明确了境外投资的敏感行业目录，帮助企业在投资前判断所投资行业是否属于敏感行业，从而做好相应的风险控制和准备工作。

除上述文件外，企业还应根据投资领域的特殊性，遵循相应部门的具体规定。

（二）国家发改委的核准和备案管理

根据《企业境外投资管理办法》，境外投资是指中华人民共和国境内企业直接或通过其控制的境外企业，以投入资产、权益或提供融资、担保等方式，获得境外所有权、控制权、经营管理权及其他相关权益的投资活动。投资活动主要包括但不限于下列情形：（1）获得境外土地所有权、使用权等权益；（2）获得境外自然资源勘探、开发特许权等权益；（3）获得境外基础设施所有权、经营管理权等权益；（4）获得境外企业或资产所有权、经营管理权等权益；（5）新建或改扩建境外固定资产；（6）新建境外企业或向既有境外企业增加投资；（7）新设或参股境外股权投资基金；（8）通过协议、信托等方式控制境外企业或资产。《企业境外投资管理办法》所称控制，是指直接或间接拥有企业半数以上表决权，或虽不拥有半数以上表决权，但能够支配企业的经营、财务、人事、技术等重要事项。

1. 核准管理范围

核准是指政府对特定投资项目进行全面审查，并根据审查结果决定是否允许项目实施的过程。在境外投资领域，核准制度尤为关键，它主要针对涉及敏感因素的投资项目。这些项目由于可能影响到国家安全、外交政策执行以及资源保护等核心利益，因此需要政府进行更为细致与严格的把控和监管。通过这种前置性的行政许可机制，政府能够确保境外投资活动不仅符合国家法律法规，同时也与国家的长远发展战略保持一致。

根据《企业境外投资管理办法》，实行核准管理的范围是投资主体直接或通过其控制的境外企业开展的敏感类项目。

敏感类项目包括：（一）涉及敏感国家和地区的项目；（二）涉及敏感行业的项目。

敏感国家和地区包括与我国未建交的国家和地区；发生战争、内乱的国家和地区；根据我国缔结或参加的国际条约、协定等，需要限制企业对其投资的国家和地区；其他敏感国家和地区。

敏感行业包括：武器装备的研制生产维修；跨境水资源开发利用；新闻传媒；根据《关于进一步引导和规范境外投资方向指导意见》，需要限制企业境外投资的行业：（1）房地产（2）酒店（3）影城（4）娱乐业（5）体育俱乐部（6）在境外设立无具体实业项目的股权投资基金或投资平台。

2. 核准的流程与要求

企业在开展敏感类境外投资项目前，应按照国家发改部门的要求，将申请材料准备齐全后，提交项目核准申请。申请核准的申报文件应包括投资主体情况、投资目的地、项目背景情况、项目主要内容和规模、项目投融资方案、项目主要风险和防范应对措施、项目对我国国家利益和国家安全的影响分析等内容（企业应根据《国家发展改革委关于发布企业境外投资管理办法配套格式文本（2018 年版）的通知》及发改部门的要求准备材料）。发改部门接收材料后将对项目进行审查评估，并作出是否核准的决定。企业在获得核准后，方可正式实施投资项目。

（具体流程以发改部门发布的要求为准）①。

3. 备案管理范围

相较核准，备案是一种相对简化的行政程序。根据《企业境外投资管理办法》，实行核准管理的范围是投资主体直接或通过其控制的境外企业开展的敏感类项目。实行备案管理的范围是投资主体直接开展的非敏感类项目，也涉及投资主体直接投入资产、权益或提供融资、担保的非敏感类项目。

对于除涉及敏感国家和地区、敏感行业的企业境外投资项目外，中央管理企业境外投资项目和地方企业投资 3 亿美元及以上境外投资项目，应在国家发改委备案。对于除涉及敏感国家和地区、敏感行业的企业境外投资项目外，投资额在 3 亿美元以下的境外投资项目，企业需要向投资主体注册地的省级政府发展改革部门进行备案。

4. 备案的流程与要求（针对投资额 3 亿元以下非敏感类项目，以浙江省为例）

浙江省发改委针对浙江省企业境外投资发布《浙江省企业境外投资管理实施办法》（浙发改外资〔2018〕562 号），该文件明确了境外投资的定义、备案管理流程、敏感类项目的界定等内容，为浙江省内企业开展境外投资提供了明确的指导和规范。需要注意的是，中方投资额 3 亿美元以下非敏感类境外投资项目由浙江省发展改革委实行备案管理。其中，中方投资 1000 万美元以下的项目，浙江省发展改革委委托投资主体注册地所在设区市、县（市、萧山区、余杭区、富阳区、临安区、柯桥区、上虞区）发展改革委（局）实行备案管理。

---

① 国家发改委. 企业、事业单位、社会团体等投资建设的固定资产投资项目标准[EB/OL]. (2020-08-27) [2024-09-06] https://services.ndrc.gov.cn/ecdomain/portal/portlets/bjweb/newpage/itemlist/itemlist. jsp?admintype=&themetype=9&keyword=&code=&state=123.

备案流程[①]：

（1）企业向浙江省发改委（受委托的设区市、县发改委）提交申请备案资料，一般通过浙江政务服务网进行线上申请。

企业申请备案申报文件应包括投资主体情况、投资目的地、项目背景情况、项目主要内容和规模、项目投融资方案、项目主要风险和防范应对措施、项目对我国国家利益和国家安全的影响分析等内容。企业应根据《国家发展改革委关于发布企业境外投资管理办法配套格式文本（2018年版）的通知》（发改外资〔2018〕252号）及发改部门的要求准备材料。

（2）浙江省发改委（受委托的设区市、县发改委）经办人员对企业提交的申请备案材料进行审查，并根据相关规定，提出是否受理的意见，如符合条件的则立即办理备案手续，并出具备案通知书；如不符合要求，则说明不予受理的理由。

（3）上述备案申请一般在7个工作日内作出审查决定。企业在获得备案通知书后，即可按照投资计划实施项目。

（三）投资中国港澳台项目

当投资主体的投资项目位于中国港澳台地区时，这类投资行为根据相关政策规定被视为境外投资，并且必须参照执行对应的境外投资管理办法。具体来说，无论投资主体是选择直接进行投资，还是通过控制中国港澳台地区的企业对境外开展再投资活动，都需要严格遵守境外投资的相关管理条例，并按照既定流程完成核准或备案。这一规定不仅确保投资活动的合法性与规范性，保护投资者的权益，同时也为中国港澳台地区与国外的经济合作提供了明确的操作指南。

---

① 浙江政务服务网. 境外投资项目备案[EB/OL]. [2024-09-06] https://www.zjzwfw.gov.cn/zjservice-fe/#/workguide?localInnerCode=2a2d082a-135f-43e1- 9ef4-6c1cee3a1313

二、商务部

（一）商务部的核准和备案管理

国家商务部门同样针对境外投资发布了相关政策性文件，除上文提及的重要政策性文件外，企业还应重点关注商务部发布的《境外投资管理办法》，该文件同样针对企业在境外的投资行为规定了相关备案和核准的管理要求。

关于境外投资应当经商务部门核准管理还是备案管理的问题，根据《境外投资管理办法》的规定，商务部和省级商务主管部门按照企业境外投资的不同情形，分别实行备案和核准管理。企业境外投资涉及敏感国家和地区、敏感行业的，实行核准管理。

对属于备案情形的境外投资，中央企业报商务部备案；地方企业报所在地省级商务主管部门备案。对属于核准情形的境外投资，中央企业向商务部提出申请，地方企业通过其所在地省级商务主管部门向商务部提出申请。

商务主管部门关于敏感国家和地区的标准与国家发改委基本一致。

（二）商务部门核准流程[①]

根据《境外投资管理办法》，对属于核准情形的境外投资，中央企业向商务部提出申请，地方企业通过其所在地省级商务主管部门向商务部提出申请。

企业申请境外投资核准需提交申请书，主要包括投资主体情况、境外企业名称、股权结构、投资金额、经营范围、投资资金来源、投资具体内容等；《境外投

[①] 商务部. 国内企业在境外开办企业（金融企业除外）核准[EB/OL]. (2024-03-15) [2024-09-06]. https://www.mofcom.gov.cn/zwdt/xzxksx/art/2023/art_29188a4441ac4bd2b6b916083ff0999e.html

资申请表》；境外投资相关合同或协议；有关部门对境外投资所涉的属于我国限制出口的产品或技术准予出口的材料等。

受理机关对申请事项进行审核，审核通过后，商务部出具批复和《企业境外投资（机构）证书》。

另外，核准境外投资还应当征求我驻外使（领）馆（经商处室）意见。涉及中央企业的，由商务部征求意见；涉及地方企业的，由省级商务主管部门征求意见。

（三）商务部门备案的流程（以浙江省为例）[①]

根据《境外投资管理办法》的规定，对属于备案情形的境外投资，中央企业报商务部备案，地方企业报其所在地省级商务主管部门备案。

（1）以浙江省为例，企业在浙江政务服务网进行网上申请，并向属地商务部门提交申请材料。申报材料主要包括：对外投资备案表、相关章程或合同、决议、可行性研究报告、投资资金来源情况说明、投资环境分析评价、境外风险管理制度、企业境外安全生产管理制度和应急预案等，具体以商务部门要求为准。

（2）浙江省商务厅或市级商务部门经办人员对企业提交的申请备案材料进行审查，并根据相关规定，提出是否受理的意见，如符合条件的则作出准予许可的决定，向企业送达《企业境外投资（机构）证书》。

（3）上述备案申请一般在3个工作日作出审查决定。企业在获得《证书》后，即可按照投资计划实施项目。

此外，根据《境外投资管理办法》规定，自领取《企业境外投资（机构）证书》之日起2年内，境内企业未在境外开展投资的，《企业境外投资（机构）证书》自动失效。如需再开展境外投资，则应当重新办理备案或申请核准。

---

① 浙江政务服务网. 企业境外投资备案[EB/OL]. [2024-09-06] https://www.zjzwfw.gov.cn/zjservice-fe/#/workguide?localInnerCode=549180ba-fb3b- 4400-9b0d-d7e1ff307c94

三、外汇登记及备案

（一）外汇管理政策要求

《境内机构境外直接投资外汇管理规定》（汇发〔2009〕30号）与《国家外汇管理局关于进一步简化和改进直接投资外汇管理政策的通知》（汇发〔2015〕13号）是国家外汇管理局发布的关于企业境外投资外汇管理登记的重要文件，前者旨在贯彻落实"走出去"发展战略，促进境内机构境外直接投资的健康发展，对跨境资本流动实行均衡管理，并详细规定了外汇登记、资金来源与运用、资金汇出与调回等相关管理制度。后者则是为了进一步深化资本项目外汇管理改革，简化和改进直接投资外汇管理政策，取消了部分行政审批事项，简化了登记与确认流程，并强化了银行和外汇局的监管职责，以促进和便利企业跨境投资资金运作，提升管理效率。

根据《境内机构境外直接投资外汇管理规定》，境内机构可以使用自有外汇资金、符合规定的国内外汇贷款、人民币购汇或实物、无形资产及经外汇局核准的其他外汇资产来源等进行境外直接投资。同时境内机构境外直接投资所得利润也可留存境外用于其境外直接投资。

（二）外汇登记流程[①]

1. 提交外汇登记材料

根据《境内机构境外直接投资外汇管理规定》及外汇管理局发布的业务指引，境内机构境外直接投资获得境外直接投资主管部门核准后，持下列材料到所在地外汇局办理境外直接投资外汇登记：

---

① 国家外汇管理局. 00017110400Y 境外直接投资下外汇登记标准[EB/OL]. (2013-12-08) [2024-09-06]. http://www.safe.gov.cn/safe/2023/0216/22354.html

（1）提交相关书面申请并按要求填写《境外直接投资外汇登记申请表》；

（2）外汇资金来源情况的说明材料，此处证明材料通常可以由银行或金融机构或相应的融资机构视视情况出具；

（3）境内机构有效的营业执照或注册登记证明及组织机构代码证；

（4）境外直接投资主管部门对该项投资的核准文件或证书；

（5）如果发生前期费用汇出的，则应提供相关说明文件及汇出凭证；

（6）资金使用计划、企业有关机构关于境外投资相关决议等真实性证明材料；

（7）外汇局要求的其他材料。

2. 颁发《外汇登记证》

外汇管理局审核上述材料无误后，在相关业务系统中登记有关情况，并向境内机构颁发境外直接投资《外汇登记证》。境内机构应凭其办理境外直接投资项下的外汇收支业务。

（三）前期费用汇出

企业境外直接投资的前期费用是指境内机构在境外投资设立项目或企业前，需要向境外支付的与境外直接投资有关的费用，包括但不限于：（1）收购境外企业股权或境外资产权益，按项目所在地法律规定或出让方要求需缴纳的保证金。（2）在境外项目招投标过程中，需支付的投标保证金。（3）进行境外直接投资前，进行市场调查、租用办公场地和设备、聘用人员，以及聘请境外中介机构提供服务所需的费用。

根据《境内机构境外直接投资外汇管理规定》（汇发〔2009〕30号），境内机构向境外汇出的前期费用，一般不得超过境内机构已向境外直接投资主管部门申请的境外直接投资总额的 15%（含）；对于汇出的境外直接投资前期费用确需超过境外直接投资总额 15% 的，境内机构应当持上述材料向所在地国家外汇管理局分局（含外汇管理部）提出申请。

境内机构已汇出境外的前期费用，应列入境内机构境外直接投资总额。外汇指定银行在办理境内机构境外直接投资资金汇出时，应扣减已汇出的前期费用金额。境内机构自汇出前期费用之日起 6 个月内仍未完成境外直接投资项目核准程序的，应将境外账户剩余资金调回原汇出资金的境内外汇账户。

四、对外投资项目的监督和管理

国务院办公厅转发国家发展改革委、商务部、人民银行、外交部《关于进一步引导和规范境外投资方向指导意见》的通知明确将境外投资项目分成鼓励开展、限制开展和禁止开展三类情况，通过"鼓励发展+负面清单"模式引导和规范企业境外投资方向。

（1）鼓励境外投资的项目。包括：重点推进有利于共建"一带一路"和周边基础设施互联互通的基础设施境外投资。稳步开展带动优势产能、优质装备和技术标准输出的境外投资。加强与境外高新技术和先进制造业企业的投资合作，鼓励在境外设立研发中心。在审慎评估经济效益的基础上稳妥参与境外油气、矿产等能源资源勘探和开发。着力扩大农业对外合作，开展农、林、牧、副、渔等领域互利共赢的投资合作。有序推进商贸、文化、物流等服务领域境外投资，支持符合条件的金融机构在境外建立分支机构和服务网络，依法合规开展业务。

（2）限制境外投资的项目参照上文须经境外投资主管部门核准的项目。

（3）禁止境外投资的项目包括：涉及未经国家批准的军事工业核心技术和产品输出的境外投资。运用我国禁止出口的技术、工艺、产品的境外投资。赌博业、色情业等境外投资。我国缔结或参加的国际条约规定禁止的境外投资。其他危害或可能危害国家利益和国家安全的境外投资。

第二节　违反对外投资管理规定的后果及案例

一、违反管理规定的后果

在进行境外投资活动之前，企业和个人必须充分了解并遵守相关管理规定。这些规定旨在确保资金流动的合法性、安全性和透明度，保护投资者的利益，同时也有助于国家对外汇市场和经济秩序的有效管理。遵守这些规定不仅是法律义务，也是保障企业自身权益和长期发展的必要条件。当企业或个人违反境外投资的核准备案规定时，可能会面临以下严重后果：

（1）投资活动中止或停止：依据《企业境外投资管理办法》，如果项目未取得核准文件或备案通知书而擅自实施投资，核准、备案机关有权责令投资主体中止或停止实施该项目，并要求其限期改正。

（2）警告与处罚：违规的投资主体及有关责任人可能会收到警告与处罚，如果行为构成犯罪，还将依法追究刑事责任。此外，如果金融企业为未取得核准文件或备案通知书的项目提供融资、担保，受到相关金融监管部门的处罚。

（3）外汇进出受限：在实践中，最直接的后果可能是外汇进出受到限制。未按照要求进行备案或核准的投资资金，将无法通过银行顺利汇出，进而影响投资活动的正常进行。同时，境外公司的利润等资金也无法通过银行渠道正常汇入。

（4）信用记录受损：未备案擅自经营的项目单位，其相关信息将被列入项目异常信用记录，并纳入全国信用信息共享平台，这将对企业的信誉和未来发展产生不良影响。

（5）禁止境外投资：对于严重违规的企业，其境内投资主体可能在一定时限内被禁止进行任何境外投资行为。

二、相关案例

案例一：某公司因急于拓展境外市场，在未完成境外投资备案手续的情况下，擅自在境外设立子公司。

产生后果：（1）投资活动中止：该公司被责令立即中止子公司的运营活动，直至取得合法的备案通知书。（2）警告与罚款：公司及其相关责任人收到监管部门的警告，并被处以一定数额的罚款。（3）外汇限制：由于未按规定进行备案，该公司发现其无法将后续的投资资金汇出，严重影响了子公司的正常运营。同时，子公司的盈利也无法顺利汇回国内。（4）信用受损：该公司的违规行为被记录在案，对其未来在国内外市场的声誉和合作机会造成负面影响。

案例二：某科技公司在其全资香港子公司成立时，未履行境外投资备案程序和外汇登记程序。该公司原计划通过香港子公司和另一家香港公司进行收购活动，但最终无法实现，其全资香港子公司自设立后未进行任何实际经营活动。

产生后果：（1）监管风险：虽然该科技公司此次未受到实际处罚，但存在被主管部门责令中止或停止实施项目的潜在风险。（2）合规隐患：未履行备案程序可能在未来引发合规问题，影响企业的正常运营和声誉。

上述案例充分说明遵守境外投资审批规定的重要性。企业在进行境外投资时，务必严格按照相关法律法规和政策要求，完成必要的核准备案手续，以确保投资活动的顺利推进。

第三节　对外投资核准和备案操作指引

（一）对外投资各部门核准（备案）流程

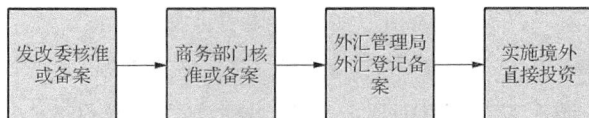

图 1-1　对外投资各部门核准（备案）流程

（二）国家发改委核准（备案）流程

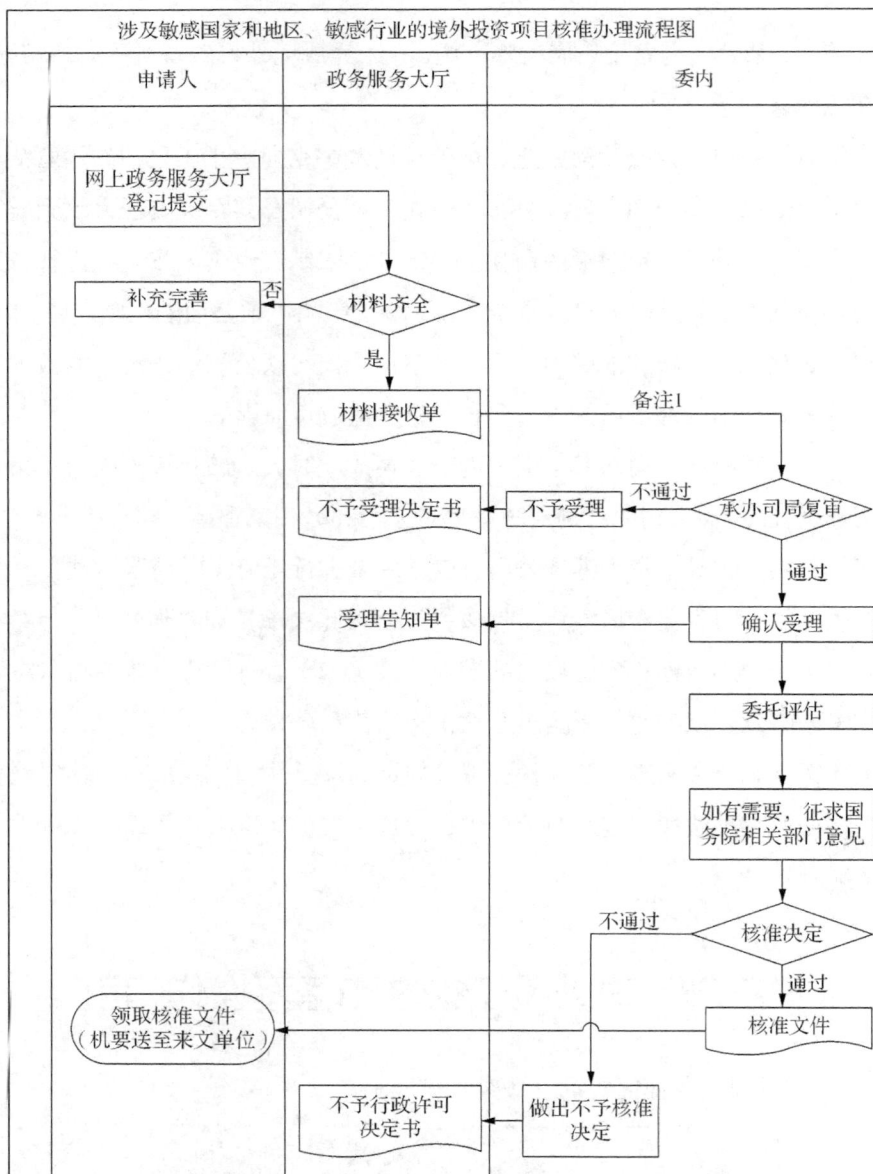

图 1-2　涉及敏感国家和地区、敏感行业的境外投资项目核准办理流程

（来源：国家发改委官网）

申请人	政务服务大厅	委内

网上政务服务大厅
登记提交

补充完善 ← 否 ← 材料齐全

是

材料接收单 —— 备注1

不予受理决定书 ← 不予受理 ← 不通过 ← 承办司局复审

通过

受理告知单 ← 确认受理

不通过 ← 备案决定

通过

领取备案文件
(机要送至来文单位) ← 备案通知书

不予备案决定书 ← 作出不予备案决定

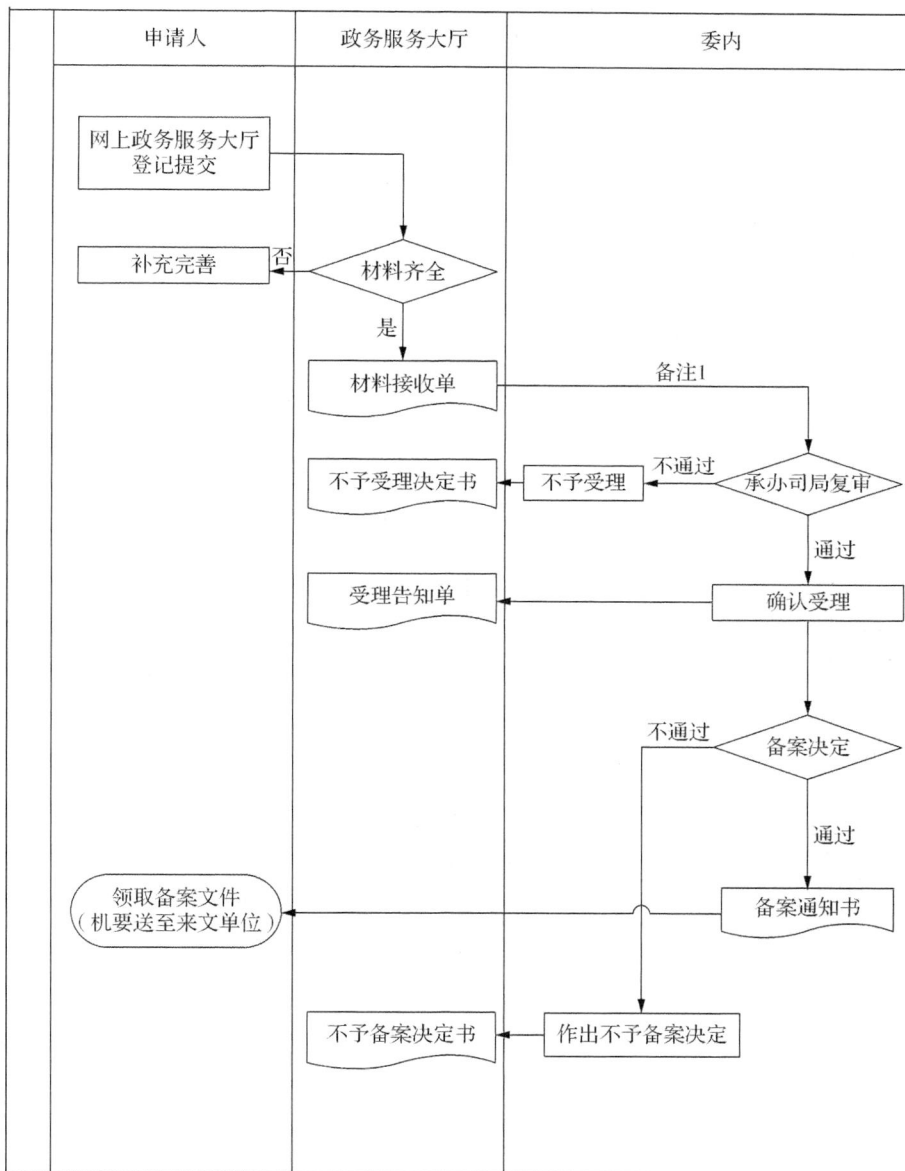

图 1-3 国家发改委关于除涉及敏感国家和地区、敏感行业的企业境外投资项目外,中央管理企业境外投资项目和地方企业投资 3 亿美元及以上境外投资项目备案核准办理流程（来源：国家发改委官网）

```
                        ┌─────────┐
                       (   开始    )
                        └────┬────┘
                             │
                        ┌────▼─────────┐
     ┌──────────────────│ 网上登记材料  │
     │                  └────┬─────────┘
     │                       │
     │                       │
┌────┴─────┐    否      ┌────◇────┐
│  补充完善 │◄──────────│ 材料齐全 │
└──────────┘           └────┬────┘
                         是  │
                            │
          不通过        ┌────◇────┐
   ┌───────────────────│  受理   │
   │                   └────┬────┘
   │                     通过 │
   │                         │
┌──▼────────┐         ┌──────◇──────┐    不通过
│  不予受理  │         │    审查      │──────────────┐
│ （五日内） │         │  （七日内）  │              │
└──┬────────┘         └──────┬──────┘              │
   │                     通过 │                     │
   │                         │                     │
┌──▼─────────────┐  ┌────────▼────────┐  ┌─────────▼─────────┐
│ 出具不予受理决定书│  │  出具备案通知书   │  │  出具不予备案决定书 │
└──┬─────────────┘  └────────┬────────┘  └─────────┬─────────┘
   │                         │                     │
   │                    ┌────▼────┐                │
   └───────────────────►(  结束   )◄───────────────┘
                        └─────────┘
```

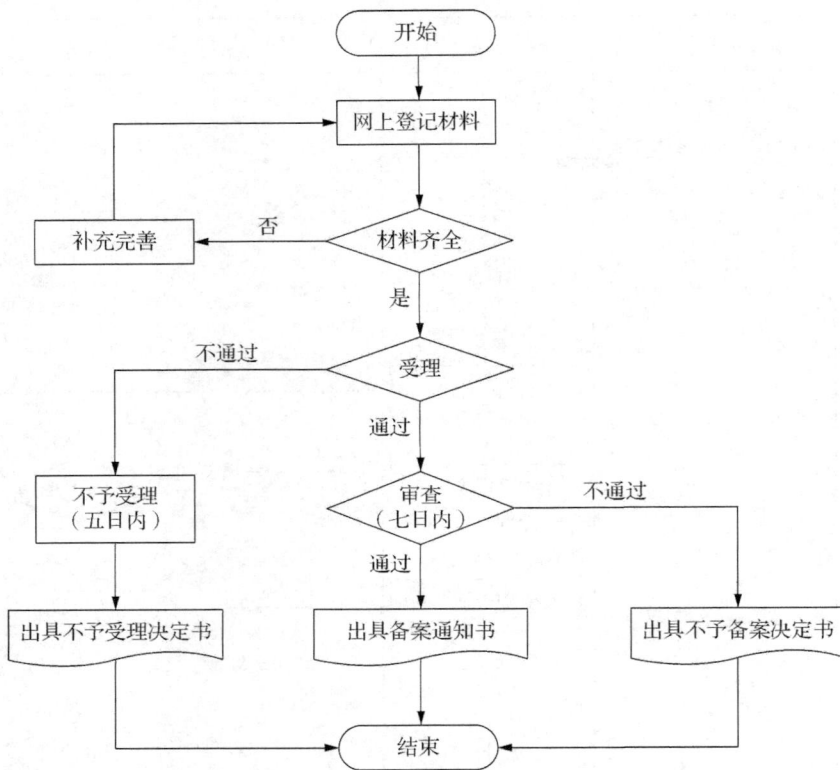

图 1-4　浙江省发改委关于企业境外投资办理备案申请流程

（来源：浙江政务服务网）

（三）商务部关于对外投资核准（备案）流程

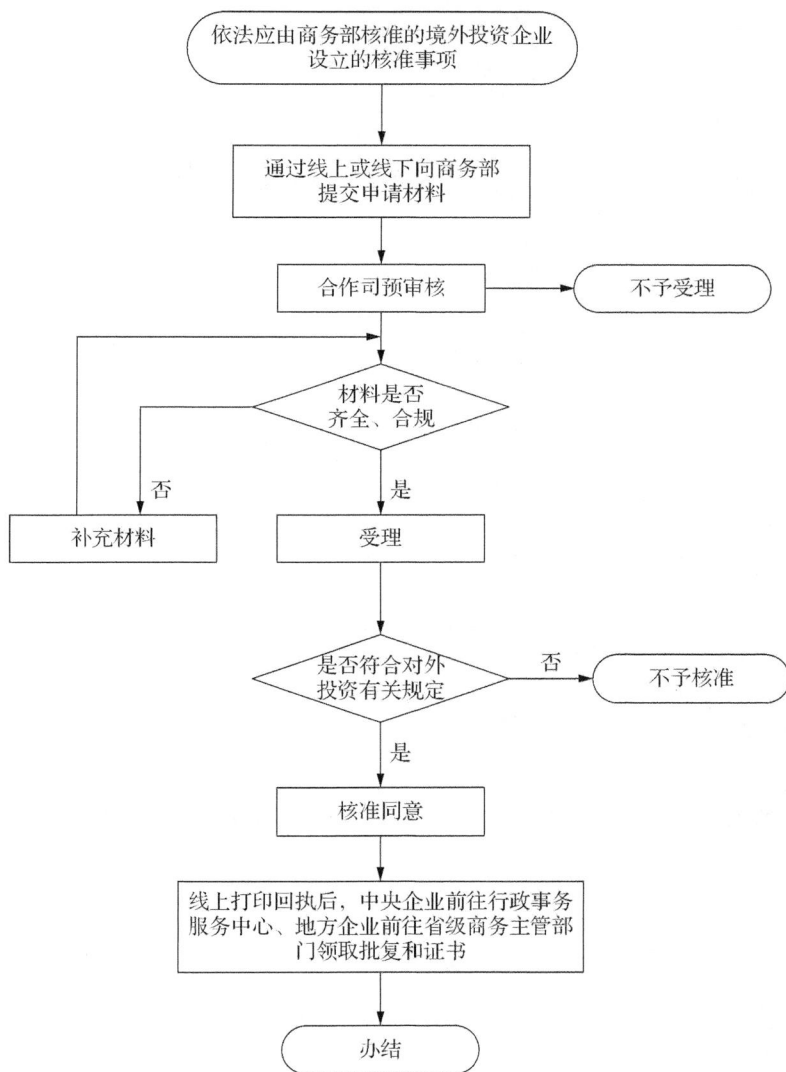

```
┌─────────────────────────────┐
│  依法应由商务部核准的境外投资企业     │
│       设立的核准事项              │
└─────────────────────────────┘
              │
              ▼
┌─────────────────────────────┐
│   通过线上或线下向商务部           │
│     提交申请材料                 │
└─────────────────────────────┘
              │
              ▼
┌──────────────┐        ┌──────────────┐
│  合作司预审核    │───────▶│   不予受理      │
└──────────────┘        └──────────────┘
              │
              ▼
        ╱─────────╲
       ╱  材料是否    ╲
      ╱   齐全、合规    ╲
       ╲            ╱
        ╲─────────╱
       否│        │是
┌──────────┐   ┌──────────┐
│  补充材料    │   │   受理      │
└──────────┘   └──────────┘
                    │
                    ▼
              ╱─────────╲
             ╱ 是否符合对外  ╲    否   ┌──────────────┐
            ╱  投资有关规定   ╲──────▶│   不予核准      │
             ╲            ╱        └──────────────┘
              ╲─────────╱
                   │是
                   ▼
            ┌──────────────┐
            │   核准同意      │
            └──────────────┘
                   │
                   ▼
┌─────────────────────────────┐
│ 线上打印回执后，中央企业前往行政事务   │
│ 服务中心、地方企业前往省级商务主管部   │
│    门领取批复和证书              │
└─────────────────────────────┘
                   │
                   ▼
            ┌──────────────┐
            │    办结        │
            └──────────────┘
```

图 1-5 商务部关于企业境外投资办理核准流程

（来源：商务部官网）

```
                          ┌──────────┐
                          │   开始   │
                          └────┬─────┘
                               │
                          ┌────┴──────────┐
                          │ 申请人提交申请 │
                          │ 材料（网上申请）│
                          └────┬──────────┘
   ┌──────────────┐            │
   │ 送达（补齐材料 │           │
   │   通知书）     │           │
   └──────┬───────┘            │
          │    材料不全或     ◇   不予受理   ┌──────────┐      ┌──────┐
          └───不符合法定形式──│受理│────────│ 送达（不予受 │─────│ 结束 │
                              ◇            │ 理通知书）  │      └──────┘
                               │            └──────────┘
                          准予│受理
                               │                    ┌──────────┐      ┌──────┐
                               │                    │ 送达不予备 │─────│ 结束 │
                          ┌────┴──────┐            │ 案书面理由 │      └──────┘
                          │ 商务厅审核 │            └──────────┘
                          │（3个工作日）│
                          ◇            ◇
                               │        中方投资3亿（含） ┌──────────┐   ┌──────────┐
                               │        美元以上         │ 转报商务部 │──│ 核准意见 │
                      准予备案（注销）                    └──────────┘   └──────────┘
                               │
                   ┌───────────┴──────────────┐
                   │          送达            │
                   │ 《企业境外投资（机构）证书》、│
                   │ 《企业境外投资注销确认函》  │
                   │  （当场送达或快递送达）    │
                   └───────────┬──────────────┘
                               │
                          ┌────┴─────┐
                          │   结束   │
                          └──────────┘
```

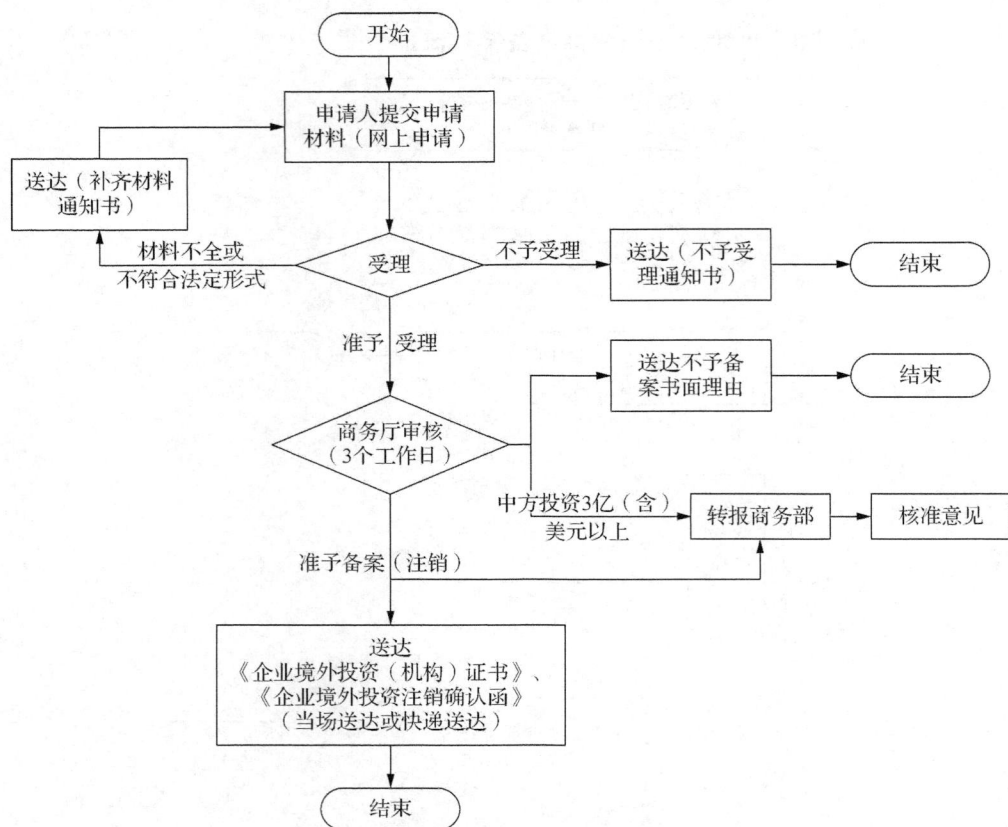

图1-6 浙江省商务厅关于企业境外投资办理备案申请流程图（来源：浙江政务服务网）

（四）外汇登记核准流程

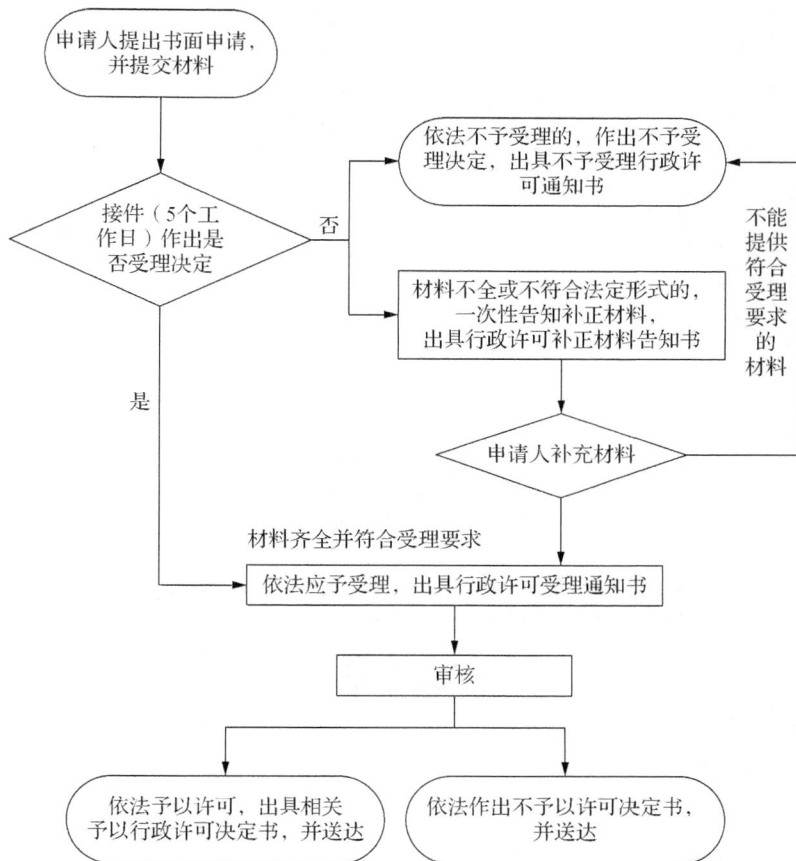

图 1-7　外汇管理局关于境内机构境外直接投资外汇登记核准办理流程

（来源：国家外汇管理局官网）

第二章

东道国市场准入与国家
安全合规

随着全球化进程的不断加深，中国企业在国际市场上的竞争力日益增强，越来越多的企业选择"走出去"，在境外进行投资和经营。然而，跨境投资面临着复杂的法律环境和政策监管，其中市场准入负面清单制度和国家安全审查制度是各国对外资准入实行管理的重要工具。

市场准入负面清单明确规定了外资禁止或限制进入的行业和领域，为企业提供了明确的投资指引。负面清单的实施，有助于简化外资准入程序，提升投资透明度，但也要求企业在投资决策过程中，必须详细了解并遵守目标国家的相关规定，避免不必要的法律风险。

同时，国家安全审查制度旨在防止外资对目标国家的安全构成威胁。各国对外国投资的国家安全审查日益严格，通过对外资收购本国企业或资产的行为进行全面审查，以确保国家关键技术、基础设施和敏感信息的安全。国家安全审查制度不仅会影响企业的投资决策，还对投资后的运营和管理提出了更高的要求。

本部分旨在为中国企业提供关于市场准入负面清单和国家安全审查的全面合规指引，帮助企业在境外投资过程中理解和遵守目标国的市场准入与安全审查规定，避免因不合规行为导致法律风险和经济损失。通过对负面清单和国家安全审查制度的深入解读，结合实际案例分析，企业能够更好地制定投资策略，优化资源配置，实现国际市场的合规运营和可持续发展。

第一节　市场准入负面清单及相关市场准入规则：以 RCEP 为例

一、市场准入负面清单

市场准入负面清单是指一个国家或地区通过法律或政策文件列出外资禁止或限制进入的行业和领域的制度安排。负面清单以清单形式明确规定了哪些行业和领境外资不能进入或进入时需受到严格限制，从而对外资进入进行有效管理。与传统的正面清单不同，负面清单仅列出禁止或限制的内容，而对于未列入清单的行业和领域，则允许外资自由进入并享有国民待遇。

市场准入负面清单制度的核心理念是简化外资准入程序，提高政策透明度和可预见性，减少行政审批和干预，激发市场活力和竞争力。通过负面清单，政府可以明确传达哪些行业和领域对外资开放，哪些领域需要特别管理，从而为外资企业提供清晰的投资指引，降低投资风险。

在实际操作中，市场准入负面清单通常包括"禁止类"和"限制类"两个部分。禁止类指外资完全不得进入的行业和领域，如涉及国家安全的核心技术和军事设施等；限制类是外资虽可以进入但需满足特定条件或获得特别许可的行业和领域，如部分金融服务及矿产开发等。通过清单化管理，政府可以灵活调整政策，及时应对国内外经济环境的变化。

二、RCEP 国家市场准入规则概述

（一）RCEP 概况

《区域全面经济伙伴关系协定》（Regional Comprehensive Economic Partnership，简称 RCEP）是由东盟十国发起，邀请中国、日本、韩国、澳大利亚和新西兰共同参与的一项自由贸易协定。RCEP 的签署标志着全球规模最大的自由贸易区正式成立，覆盖全球 29.7% 的人口和 28.9% 的 GDP[①]。RCEP 的目标是通过降低关税和非关税壁垒，促进成员国间的贸易和投资合作，实现区域经济一体化。

---

① 中国产业经济信息网. 占全球经济体量约三分之一 RCEP 有这三个看点 [EB/OL]. (2020-11-18) [2024-09-07]. http://fta.mofcom.gov.cn/article/rcep/rcepgfgd/202011/43610_1.html.

RCEP 协定涵盖多方面的内容，包括货物贸易、服务贸易、投资、知识产权、电子商务、政府采购、竞争政策、中小企业发展等。RCEP 协定通过这些全面的规定，旨在提升区域内的经济合作水平，促进贸易和投资的自由化和便利化。

（二）RCEP 投资负面清单主要内容

为了在开放市场的同时保护国家经济安全和敏感产业，RCEP 各成员国普遍采用市场准入负面清单制度，以规范外资准入行为。

RCEP 投资负面清单规则主要体现在第十章第八条规定的保留与不符措施(Reservations and Non-Conforming Measures)部分。根据该条款，保留与不符措施分为三部分。第一部分从政府层级角度规定了针对国民待遇、最惠国待遇、禁止业绩要求、高级管理人员和董事会等方面的不符措施，包含中央、地区和地方三个层级政府采取的任何现行不符措施及这些措施的延续、更新和修订，这些不符措施在 RCEP 附件三承诺表清单 A 中列明。第二部分从行业部门的角度规定了针对国民待遇、最惠国待遇、禁止业绩要求、高级管理人员和董事会等方面的不符措施，包含部门、分部门或活动采取的任何措施，这些不符措施在 RCEP 附件三承诺表清单 B 中列明。第三部分在涉及知识产权的情况下，准用 RCEP 第十一章第七条（知识产权部分）规定的国民待遇例外措施，并准用《与贸易有关的知识产权协定》（TRIPs 协定）第三、第四和第五条规定的国民待遇、最惠国待遇、知识产权取得和维持的例外措施。

（三）RCEP 投资负面清单比较

RCEP 附件三（投资保留和不符措施承诺表）列出了各成员国的投资负面清单。负面清单包括清单一（LIST A）和清单二（LIST B）两个。之所以制定两个清单，原因是两份清单适用的规则不同。列入清单一的是现存的不符措施。这些措施在过渡期内适用冻结规则，过渡期满适用棘轮规则。冻结规则是指成员国在协定对其生效后，对现存不符措施的修改不能低于 RCEP 负面清单承诺水平。棘轮规则是指成员方在协定对其生效后，对现存不符措施的任何修改，只能比修改前减少对外资的限制，而不能降低修改前外资已享受的待遇。[①]

RCEP 成员国在协定附件三负面清单中列出的不符措施数量如下表：

不符措施数量	澳大利亚	菲律宾	韩国	柬埔寨	老挝	马来西亚	缅甸	日本	新西兰	新加坡	泰国	文莱	印度尼西亚	越南	中国	合计
A 类清单	19	11	11	10	10	20	16	23	7	28	10	37	17	3	12	234
B 类清单	23	16	49	12	16	47	23	15	27	40	22	47	17	32	11	397
合计	42	27	60	22	26	67	39	38	34	68	32	84	34	35	23	631

单纯统计负面清单不符措施数量并不能完全反应一国对外资的开放程度，还需要考量负面清单所涵盖的行业范围。例如，在农林牧渔业，除新加坡外，各国均列出了相应的不符措施，这说明农林牧渔业在各国国民经济中都具有举足轻重的地位，而对采矿业、制造业则限制较少，这说明各国采矿业和制造业对外资开放程度较高。当然，各国限制最多的应该是服务业，尽管有 8 个国家（菲律宾、柬埔寨、老挝、缅甸、泰国、印度尼西亚、越南和中国）并没有将服务业纳入附件三统计，不符措施总量最多的行业依然是服务业，如交通运输、仓储和邮政业、金融业等。这说明服务业对各国国民经济的重要性与日俱增。

三、RCEP 国家的市场准入负面清单

下文就 RCEP 成员国越南、泰国及马来西亚的投资准入负面清单做简要列表，供意向投资者在进行投资决策时参考，其他国家负面清单可访问中华人民共和国

[①] 商务部条约法律司.《区域全面经济伙伴关系协定》（RCEP）投资规则释疑[EB/OL]. (2022-02-24) [2024-9-7]. http://fta.mofcom.gov.cn/article/rcep/rcepjd/202202/47599_1.html.

商务部中国自由贸易区服务网查阅或咨询专业律师。

越南

清单一

行业	限制描述	政府级别	义务类型
所有行业	投资许可证、许可或证书在协议生效日期前发出的条件，可能不适用国民待遇、禁止履行要求和高级管理人员及董事会的规定	各级政府	国民待遇、禁止履行要求、高级管理人员及董事会
制造业	外国投资航空器制造需通过合资或购买企业股份，外资比例不得超过49%	各级政府	国民待遇
制造业	外国投资铁路车辆及零部件制造需通过合资或购买企业股份，外资比例不得超过49%	各级政府	国民待遇

清单二

行业	限制描述	政府级别	义务类型
所有行业	保留对组合投资采取或维持任何措施的权利	各级政府	国民待遇、高级管理人员及董事会
所有行业	保留对投资程序采取或维持任何措施的权利，如投资项目的注册证书和外汇管理程序	各级政府	国民待遇、高级管理人员及董事会
所有行业	保留对国有企业和国家基金投资的监控和管理采取或维持任何措施的权利	各级政府	国民待遇、禁止履行要求、高级管理人员及董事会
所有行业	在指定企业不再非商业化运营时，国民待遇、禁止履行要求和高级管理人员及董事会的规定可能不适用	各级政府	国民待遇、禁止履行要求、高级管理人员及董事会
所有行业	保留对土地、财产及与土地相关的自然资源采取或维持任何措施的权利	各级政府	国民待遇

续表

行业	限制描述	政府级别	义务类型
所有行业	保留对中小企业采取或维持任何措施的权利	各级政府	国民待遇、禁止履行要求、高级管理人员及董事会
制造业	保留对生产爆炸物、出版、印刷、新闻、烟草、酒精饮料、汽车和摩托车制造等子行业采取或维持任何措施的权利	各级政府	国民待遇、禁止履行要求、高级管理人员及董事会
所有行业	保留对维持粮食安全采取或维持任何措施的权利	各级政府	国民待遇、禁止履行要求、高级管理人员及董事会
采矿业	保留对石油和天然气采取或维持任何措施的权利	各级政府	国民待遇、禁止履行要求、高级管理人员及董事会
采矿和采石	保留对非金属矿物及普通建筑材料的采矿和采石采取或维持任何措施的权利	各级政府	国民待遇、禁止履行要求、高级管理人员及董事会
渔业和水产养殖	保留对越南主权和管辖水域内的渔业和水产养殖采取或维持任何措施的权利	各级政府	国民待遇、禁止履行要求、高级管理人员及董事会
林业和狩猎	保留对林业和狩猎采取或维持任何措施的权利	各级政府	国民待遇、禁止履行要求、高级管理人员及董事会
农业	保留对稀有或珍贵植物的种植、生产或加工，珍稀野生动物的饲养或加工采取或维持任何措施的权利	各级政府	国民待遇、禁止履行要求、高级管理人员及董事会

续表

行业	限制描述	政府级别	义务类型
电力发展	保留对电力发展采取或维持任何措施的权利	各级政府	国民待遇、禁止履行要求、高级管理人员及董事会
所有行业	保留对在协议生效日期后不存在的行业采取或维持任何措施的权利	各级政府	国民待遇、禁止履行要求、高级管理人员及董事会
制造业	投资这些子行业需符合越南政府的规划，可能优先考虑本地投资者	各级政府	国民待遇、禁止履行要求
所有行业	保留对合作社、合作社联盟、家庭和独资企业的设立和运营采取或维持任何措施的权利	各级政府	国民待遇、禁止履行要求、高级管理人员及董事会
传统市场	保留对传统市场采取或维持任何措施的权利	各级政府	国民待遇、禁止履行要求、高级管理人员及董事会
所有行业	保留对证券上市和收购、接管和并购上市公司采取或维持任何措施的权利	各级政府	国民待遇、高级管理人员及董事会
所有行业	保留对社会、经济和地理弱势群体及少数民族的权利或特权采取或维持任何措施的权利	各级政府	国民待遇、禁止履行要求、高级管理人员及董事会
所有行业	保留对外国企业和投资者在越南以分支机构形式设立商业存在采取或维持任何措施的权利	各级政府	国民待遇、高级管理人员及董事会
所有行业	保留对国家防御和安全采取或维持任何措施的权利	各级政府	国民待遇、禁止履行要求、高级管理人员及董事会

27

续表

行业	限制描述	政府级别	义务类型
所有行业	保留对武器、爆炸物和支持工具采取或维持任何措施的权利	各级政府	国民待遇、禁止履行要求、高级管理人员及董事会
所有行业	保留对原子能采取或维持任何措施的权利	各级政府	国民待遇、禁止履行要求、高级管理人员及董事会
所有行业	保留对河港、海港和机场采取或维持任何措施的权利	各级政府	国民待遇、禁止履行要求、高级管理人员及董事会
所有行业	保留对文化遗产、信仰和宗教采取或维持任何措施的权利	各级政府	国民待遇、禁止履行要求、高级管理人员及董事会
采矿和采石	保留对非金属矿物及普通建筑材料的处理采取或维持任何措施的权利	各级政府	国民待遇、禁止履行要求、高级管理人员及董事会
出版、印刷、新闻、广播	保留对出版、印刷、新闻采集机构、大众传媒、广播电视等子行业采取或维持任何措施的权利	各级政府	国民待遇、禁止履行要求、高级管理人员及董事会
所有行业	保留对技术转让要求采取或维持任何措施的权利	各级政府	禁止履行要求
所有行业	保留对特许权使用费的要求采取或维持任何措施的权利	各级政府	禁止履行要求
所有行业	保留对外籍雇员的就业采取或维持任何措施的权利，包括限制数量或比例、最低工资、期限和雇佣类型	各级政府	国民待遇、高级管理人员及董事会
所有行业	保留对所有服务行业和子行业的投资采取或维持任何措施的权利	各级政府	国民待遇、禁止履行要求、高级管理人员及董事会

泰国

清单一

行业	限制描述	政府级别	义务类型
制造业	生产或进口扑克牌需获得泰国消费税局局长批准	各级政府	国民待遇、高级管理人员和董事会
制造业	泰国中央银行有权印制、管理和发行政府钞票，财政部有权铸造和发行硬币	各级政府	国民待遇、高级管理人员和董事会
制造业	只有政府彩票办公室被授权生产、管理和分发彩票	各级政府	国民待遇、高级管理人员和董事会
农业	外国股权参与不得超过洋葱种子繁殖业务注册资本的49%	各级政府	国民待遇
渔业	外国股权参与不得超过深海笼养金枪鱼和本地养殖龙虾业务注册资本的51%	各级政府	国民待遇
采矿和采石	大理石开采业务外国股权参与不得超过注册资本的49%，并需政府特许	各级政府	国民待遇
石油和天然气开采	石油和天然气相关开采业务外国股权参与不得超过注册资本的49%，并需政府特许	各级政府	国民待遇
制造业	只有泰国烟草管理局被允许生产烟草产品	各级政府	国民待遇
渔业	外国人或悬挂外国旗帜的渔船不得申请捕鱼许可证或在泰国领海、毗连区和专属经济区捕鱼	各级政府	国民待遇
农业	外国股权参与不得超过牛养殖业务注册资本的49%	各级政府	国民待遇

清单二

行业	限制描述	政府级别	义务类型
所有行业	国家安全委员会负责人可在必要时为改革、公共团结、和谐或国家安全的利益采取措施，包括宣布紧急状态	各级政府	国民待遇、禁止履行要求、高级管理人员和董事会

续表

行业	限制描述	政府级别	义务类型
农业	泰国保留对任何与农业有关的投资活动采取或维持任何措施的权利，洋葱种子繁殖和牛养殖业务除外	各级政府	国民待遇、禁止履行要求、高级管理人员和董事会
渔业	泰国保留对任何与渔业有关的投资活动采取或维持任何措施的权利，深海笼养金枪鱼和本地养殖龙虾业务除外	各级政府	国民待遇、禁止履行要求、高级管理人员和董事会
林业	泰国保留对任何与森林种植和森林工业有关的投资活动采取或维持任何措施的权利	各级政府	国民待遇、禁止履行要求、高级管理人员和董事会
采矿和采石、能源	泰国保留对任何与采矿和采石、能源有关的投资活动采取或维持任何措施的权利，大理石开采和石油及天然气开采业务除外	各级政府	国民待遇、禁止履行要求、高级管理人员和董事会
制造业	泰国保留对所有制造业采取或维持任何措施的权利，某些特定子行业的外国人可持有100%股权	各级政府	国民待遇、禁止履行要求、高级管理人员和董事会
所有新行业	泰国保留对任何未在协议生效日期前明确分类的新行业采取或维持任何措施的权利	各级政府	国民待遇、禁止履行要求、高级管理人员和董事会
所有行业	泰国保留对根据现有或未来国际协议给予投资者的优惠待遇采取或维持任何措施的权利	各级政府	最惠国待遇
所有行业	外国人或被视为外国人的国内公司不得在泰国购买或拥有土地，但可租赁土地和拥有建筑物	各级政府	国民待遇
所有行业	泰国保留对任何涉及政府权力行使的投资、私有化及政府资产转让或处置的措施采取或维持任何措施的权利	各级政府	国民待遇、高级管理人员和董事会
所有行业	泰国保留对与组合投资相关的任何措施采取或维持任何措施的权利	各级政府	国民待遇、禁止履行要求、高级管理人员和董事会

续表

行业	限制描述	政府级别	义务类型
所有行业	泰国保留对与外汇交易及持有本地货币相关的措施采取或维持任何措施的权利，以防止泰铢投机	各级政府	国民待遇、最惠国待遇
所有行业	泰国保留对小型和中型企业采取或维持任何措施的权利	各级政府	国民待遇、禁止履行要求、高级管理人员和董事会
所有行业	泰国保留对少数族裔或弱势群体给予优待的措施采取或维持任何措施的权利	各级政府	国民待遇、禁止履行要求、高级管理人员和董事会
工业区	泰国保留对工业区的设立或扩建及土地所有权采取或维持任何措施的权利	各级政府	国民待遇、禁止履行要求、高级管理人员和董事会
所有行业	泰国保留对与环境、健康或文化有关的任何措施采取或维持任何措施的权利	地方政府	国民待遇、禁止履行要求、高级管理人员和董事会
所有行业	泰国保留对与政府技术转让要求相关的任何措施采取或维持任何措施的权利	各级政府	禁止履行要求
所有行业	泰国保留对与政府特许权使用费要求相关的任何措施采取或维持任何措施的权利	各级政府	禁止履行要求
所有行业	外国人在泰国经营业务需获得商业发展部的许可证或证书，并符合最低资本要求	各级政府	国民待遇
所有行业	外国人必须满足《外国人经营法》中规定的标准和要求，包括考虑国家安全、经济和社会发展等因素	各级政府	国民待遇
所有服务行业	泰国保留对服务行业投资采取或维持任何措施的权利	各级政府	国民待遇、最惠国待遇、禁止履行要求、高级管理人员和董事会
所有行业	泰国投资促进制度规定，投资项目需获得泰国投资委员会和国家竞争力提升政策委员会的批准	各级政府	国民待遇、最惠国待遇、禁止履行要求、高级管理人员和董事会

马来西亚

清单一

行业	限制描述	政府级别	义务类型
所有行业	协议生效日期前发出的投资许可证、许可或证书的条件，可能不适用国民待遇、禁止履行要求和高级管理人员及董事会的规定	各级政府	国民待遇、禁止履行要求、高级管理人员及董事会
制造业	外国投资航空器制造需通过合资或购买企业股份，外资比例不得超过49%	各级政府	国民待遇
制造业	外国投资铁路车辆及零部件制造需通过合资或购买企业股份，外资比例不得超过49%	各级政府	国民待遇
制造业	外国投资铁路建设和运营需通过合资或购买企业股份，外资比例不得超过49%	各级政府	国民待遇
采矿和采石	外国投资矿产勘探、开采和加工需通过合资或购买企业股份，外资比例不得超过49%	各级政府	国民待遇
农业	外国投资农产品加工需通过合资或购买企业股份，外资比例不得超过49%	各级政府	国民待遇
渔业	外国投资水产品养殖需通过合资或购买企业股份，外资比例不得超过49%	各级政府	国民待遇

清单二

行业	限制描述	政府级别	义务类型
所有行业	保留对组合投资采取或维持任何措施的权利	各级政府	国民待遇、高级管理人员及董事会
所有行业	保留对投资程序采取或维持任何措施的权利，如投资项目的注册证书和外汇管理程序	各级政府	国民待遇、高级管理人员及董事会
所有行业	保留对国有企业和国家基金投资的监控和管理采取或维持任何措施的权利	各级政府	国民待遇、禁止履行要求、高级管理人员及董事会

续表

行业	限制描述	政府级别	义务类型
所有行业	指定企业不再非商业化运营时，国民待遇、禁止履行要求和高级管理人员及董事会的规定可能不适用	各级政府	国民待遇、禁止履行要求、高级管理人员及董事会
所有行业	保留对土地、财产及与土地相关的自然资源采取或维持任何措施的权利	各级政府	国民待遇
所有行业	保留对中小企业采取或维持任何措施的权利	各级政府	国民待遇、禁止履行要求、高级管理人员及董事会
所有行业	保留对社会、经济和地理弱势群体及少数民族的权利或特权采取或维持任何措施的权利	各级政府	国民待遇、禁止履行要求、高级管理人员及董事会
所有行业	保留对合作社、合作社联盟、家庭和独资企业的设立和运营采取或维持任何措施的权利	各级政府	国民待遇、禁止履行要求、高级管理人员及董事会
所有行业	保留对服务行业投资采取或维持任何措施的权利	各级政府	国民待遇、禁止履行要求、高级管理人员及董事会
所有行业	保留对所有服务行业和子行业的投资采取或维持任何措施的权利	各级政府	国民待遇、禁止履行要求、高级管理人员及董事会
制造业	外国投资者在特定子行业中的投资需符合越南政府的规划，可能优先考虑本地投资者	各级政府	国民待遇、禁止履行要求
渔业	保留对越南主权和管辖水域内的渔业和水产养殖采取或维持任何措施的权利	各级政府	国民待遇、禁止履行要求、高级管理人员及董事会

续表

行业	限制描述	政府级别	义务类型
林业和狩猎	保留对林业和狩猎采取或维持任何措施的权利	各级政府	国民待遇、禁止履行要求、高级管理人员及董事会
农业	保留对稀有或珍贵植物的种植、生产或加工，珍稀野生动物的饲养或加工采取或维持任何措施的权利	各级政府	国民待遇、禁止履行要求、高级管理人员及董事会
电力发展	保留对电力发展采取或维持任何措施的权利	各级政府	国民待遇、禁止履行要求、高级管理人员及董事会
采矿业	保留对石油和天然气采取或维持任何措施的权利	各级政府	国民待遇、禁止履行要求、高级管理人员及董事会
采矿和采石	保留对非金属矿物及普通建筑材料的采矿和采石采取或维持任何措施的权利	各级政府	国民待遇、禁止履行要求、高级管理人员及董事会

第二节　国家安全审查及相关国家规定

一、国家安全审查概述

随着国际政治和经济形势的复杂化，投资东道国的国家安全审查成为企业不可忽视的重要环节。国家安全审查旨在防范外国投资可能对东道国的国家安全造成的不利影响，确保关键领域和敏感产业不受外部威胁。对于中国企业而言，理解并遵守东道国的国家安全审查规定，是成功开展跨境投资、实现国际化战略目标的前提条件。

国家安全审查不仅涉及法律领域的相关规定，还与东道国复杂的国际关系、国内政治、经济和社会环境密切相关。不同国家的安全审查机制、适用范围和标准各不相同，但其核心目标均在于维护国家的核心利益和安全。欧美等发达国家，如美国、欧盟、澳大利亚、加拿大等，已经建立并完善了较为严格的国家安全审查制度，涵盖国防、能源、通信、关键基础设施等关键领域。这些国家通过立法和行政手段，确保外资进入本国市场时不会威胁到国家安全和公共利益。

相比之下，东南亚国家如越南、泰国、马来西亚的国家安全审查制度虽然不如欧美等发达国家那样全面和严格，但也在不断发展和完善中。越南通过《投资法》和《国家安全法》对外资进行审查，尤其关注关键基础设施和高科技领域的投资。泰国则在《外商经营法》中规定了对外资的限制，涉及国防、农业、土地等敏感领域。在马来西亚，各行业的监管机构从国家利益的角度审查外国投资者进行的并购交易，并在必要时执行本地的参与要求。例如，马来西亚国家石油公司（Petronas）依据 1974 年《石油发展法》负责监督和管理石油和天然气行业，而马来西亚国家银行（BNM）依据 2009 年《马来西亚国家银行法》负责监督和管理金融服务行业。

二、部分国家的国家安全审查制度

（一）美国国家安全审查制度

美国的国家安全审查制度主要由《外国投资风险审查现代化法案》（FIRRMA）和美国外国投资委员会（CFIUS）负责管理。CFIUS 是一个由美国的财政部牵头的跨部门委员会，成员包括美国的国防部、国土安全部、商务部和国务院等。CFIUS 的主要职责是审查外国投资是否对美国国家安全构成威胁，并在必要时向总统提出适当的措施建议。

2018 年通过的《外国投资风险审查现代化法案》显著扩大了 CFIUS 的管辖范围和权力。根据 FIRRMA 规定，CFIUS 有权审查更广泛的交易类型，包括涉及美国企业的并购、合资、绿地投资等。此外，FIRRMA 还加大了对关键技术、关键基础设施和敏感个人数据领域的审查力度。

近年来，美国对来自中国的投资进行了更加严格的审查，这反映了中美两国之间日益复杂的地缘政治关系。CFIUS 特别关注中国在高科技、通信、人工智能、生物技术和半导体等领域的投资。这些领域被视为对美国国家安全具有战略重要性的产业，任何来自中国的投资都将受到严格审查。

一个典型的案例发生在 2018 年，当时 CFIUS 阻止了新加坡博通（Broadcom）收购美国芯片制造商高通（Qualcomm）的提议。CFIUS 认为，这项收购可能会削弱高通在 5G 技术上的领先地位，使中国企业在 5G 标准设定的进程中扩大其影响力，从而对美国的国家安全构成威胁。此外，美国还加强了对涉及大量用户数据或敏感技术的中国投资科技公司的审查。例如，2019 年，CFIUS 命令中国公司字节跳动（ByteDance）出售其在美国的社交媒体平台 TikTok 的股份，理由是数据安全和隐私保护问题。

除具体案例外，美国政府还通过立法和政策手段进一步限制来自中国的投资。2020 年通过的《外国公司问责法》要求在美国上市的外国公司，特别是中国公司，遵守更加严格的审计和信息披露要求。此外，美国还通过《国防授权法案》等法律，限制向中国出口被认为对国家安全至关重要的技术和设备，以防止关键技术的流失。

总体而言，美国的国家安全审查制度通过 CFIUS 的严格审查和 FIRRMA 的法律框架，形成了一套完整的机制来应对外国投资带来的国家安全风险。对于来自中国的投资，美国采取了更加谨慎和严格的态度，重点审查涉及高科技和关键基础设施等敏感领域的投资。这种审查制度不仅反映了美国对国家安全的高度重视，也体现了中美两国在经济和技术领域的竞争日益加剧。对于中国企业而言，了解和遵守美国的国家安全审查规定，是成功开展跨境投资、实现国际化战略目标的前提条件。

美国外国投资委员会的国家安全审查程序包括几个关键步骤。首先，交易各方可以根据交易所涉领域的敏感度自愿向 CFIUS 提交申请，或者由 CFIUS 在获知相关交易后，主动提起审查或者要求交易方进行申报。初步审查期为 45 天，在此期间，CFIUS 评估交易是否可能对国家安全构成威胁。如果在初步审查中发现潜在风险，CFIUS 就可以启动为期 45 天的深入调查，进行更详细的风险分析并与交易方讨论缓解措施。若能够通过缓解措施解决风险，CFIUS 将与交易方达成缓解协议并监控其合规性。如果 CFIUS 认为风险可得到充分缓解或不存在国家安全威胁，则可以批准交易；否则，案件将被提交总统进行最终审查。总统有 15 天时间作出最终决定，包括阻止或撤销交易。通过这套严密的程序，CFIUS 确保外国投资不会对美国国家安全造成威胁。

（二）沙特阿拉伯的外商投资国家安全审查制度

沙特阿拉伯（以下简称沙特）建立了一套全面的国家安全审查制度，以保护其战略性和敏感性行业不受外资威胁。该制度主要由 2021 年沙特内阁决议设立的"外商投资审查常务部长级委员会"（the Permanent Ministerial Committee for the Examination of Foreign Investment）负责管理。该委员会由沙特投资部长主持，成员包括多个政府部门和机构的代表。

委员会的主要职责：

（1）识别敏感行业：委员会负责持续识别可能影响国家安全或公共秩序的行业和公司。这些行业包括关键基础设施、技术领域以及任何被视为对国家利益具有战略重要性的领域。

（2）设置持股比例：委员会确定外国投资者在这些敏感行业内公司的最高允许持股比例，以确保控制权保持在与沙特国家安全利益一致的实体手中。

（3）发布审查程序和法规：委员会制定并发布外商投资审查的程序、规则和法规，为潜在的外国投资者提供透明和明确的要求与限制。

（4）制裁名单管理：委员会对制裁个人和实体的名单进行管理，防止这些人和实体在涉及国家安全的关键行业进行投资。

这一积极的措施与全球趋势一致，各国都在加强对外国直接投资的审查和控制，以保护其国家安全。类似于美国的外国投资委员会（CFIUS），沙特阿拉伯的制度反映了对来自非市场经济体的外国投资的高度警惕，确保此类投资不会危及国家的战略利益。

实施这一严格的审查机制标志着沙特阿拉伯在经济增长与国家安全之间寻求平衡的承诺，在为外国投资者提供了明确框架的同时也对其关键行业起到了保护作用。

从审查程序而言，根据沙特阿拉伯《外商投资法》第二条规定，沙特投资部在不违反现有法律的前提下，有权对任何永久性或临时性的外国资本投资行为签发许可证。投资部在收到所有所需文件后的 30 天内应对投资申请作出处理，如果在规定期限内未能处理申请，则默认批准并签发许可证。如果投资部在期限内拒绝申请，则必须提供正当理由，被拒绝的申请者有权根据法律对该决定提出上诉。

2016 年 1 月，习近平主席对沙特进行国事访问，中沙两国建立全面战略伙伴关系。两国在能源、投资、司法、教育、新闻等多个领域全面合作，中沙关系进一步加强。截至目前，暂未检索发现沙特对来自我国的投资以国家安全为由予以拒绝。

（三）越南的外商投资国家安全审查制度

越南的外商投资国家安全审查制度旨在确保外国投资不会对国家安全和公共利益构成威胁。该制度主要由 2020 年《投资法》（LOI 2020）管辖，规定了对外商投资进行审查的程序和条件。审查的重点包括投资项目的性质、投资所在区域以及投资者的背景等。外商投资需要经过严格的审批流程，特别是涉及敏感行业和国家安全敏感区域的投资，需获得相关部门的额外批准。

1. 有条件行业

根据越南 2020 年《投资法》的规定，某些行业被列为"有条件"投资的行业，适用于所有投资者，包括外国和国内投资者。投资这些行业需要获得正式批准，并且必须满足与国家防御、安全、公共秩序、社会道德和公共健康相关的条件。这些有条件行业包括但不限于高科技、清洁能源、公共交通、教育和医药等领域。这些规定可以确保对国家安全和社会稳定至关重要的行业在接受外资时不会受到威胁。

2. 国家安全敏感区域

投资涉及国家安全敏感区域的项目需要特别的审批程序。这些敏感区域包括岛屿、沿海或边境地区以及国防和安全工程所在地。对这些区域的投资，除常规的审批流程外，还需获得国防部和公安部的额外批准。这一程序旨在确保任何在这些关键区域的投资活动都不会对国家安全构成威胁。

从审查过程来看，对于需要高层批准的项目（如需国会、总理或省人民委员会批准的项目），投资者需提交详细的申请文件。审批时间因此也有所不同：国会审批需要至少 165 天，总理审批需要 55 天，省人民委员会审批需要 35 天。[①]然而，实际处理时间通常会更长。

在审批过程中，出于国家安全角度考虑，还可能会施加各种限制，以确保投资符合国家安全要求。例如，在有条件行业中，外国投资者的最高持股比例和具体运营限制都是审批过程中的关键考量因素。这样的限制措施可以确保外资在进入这些行业时不会对国家安全构成威胁。

越南 2020 年《投资法》为高科技领域、清洁能源、公共交通等关键领域的投资引入了激励措施，同时也对涉及国家安全的关键领域的投资加强了限制。这些激励措施包括税收优惠、信贷支持、研发支持等。这些举措在吸引战略性行业投

---

① 越南 2020 年《投资法》第 34、35、36 条

资的同时加强了对国家利益的保护。

越南的外商投资国家安全审查制度通过详细的法律条款和严格的审批程序，确保外国投资不会对国家安全和公共利益构成威胁。投资者在越南投资前，需全面了解并遵守这些规定，以确保其投资活动的合规性。

越南与我国关系较为复杂，虽然越南欢迎来自中国的投资，但是迫于美国的压力，对于一些关键性投资（如华为的 5G 网络建设）也仍会以国家安全为由，予以"委婉"。

第三节　市场准入与国家安全审查合规建议

在跨境投资过程中，中国企业不仅需要应对东道国的市场准入要求，还需应对国家安全审查的挑战。为确保投资顺利进行并将相关风险降至最低，以下是关键的合规建议：

1. 深入了解东道国市场准入及国家安全审查相关规定

企业在进行投资前，应全面了解东道国的市场准入及国家安全审查相关法律和政策。这包括投资行业的具体准入要求、限制措施以及审批程序。例如，了解美国的外资准入政策、欧盟的投资条例、东南亚国家的行业限制等。通过政府官方网站、法律数据库及专业咨询公司获取信息，有助于企业在投资过程中作出风险预判。

2. 投资前做好风险评估

在投资前，企业应进行全面的风险评估，特别是涉及国家安全敏感领域的投资项目。评估应包括政治风险、法律风险及市场风险。对于高风险项目，可以考虑通过合资、合作等方式，降低单方投资带来的风险。避免在国家安全敏感领域进行投资，如关键基础设施、高科技和国防相关产业。

3. 提高投资透明度和合规性

企业应确保投资过程的透明度，向东道国政府详细披露投资目的、资金来源、股东结构及预期影响等信息。在准备投资申请材料时，企业应详细说明投资的具体内容和预期效益。同时，企业还应准备充分的文件和材料，展示投资项目对东道国经济、社会及安全的积极贡献，确保信息的真实性和完整性。

4. 建立良好沟通机制

企业应与东道国政府保持持续和良好的沟通，及时回应其关切。在国家安全审查过程中，应积极配合提供必要的信息和文件，展示企业的合作态度。同时，企业应建立与当地利益相关方的沟通渠道，确保信息透明，增强互信。

5. 善用司法救济程序

若企业已采取一系列积极措施，合理的交易申请仍被否决，则可以采用司法救济措施保障自身权益。企业可以通过东道国的国内救济途径，如向当地投资审批部门申请复议，向当地法院提起行政诉讼，或通过国际投资争端解决机制（如ICSID）进行国际仲裁，以维护其合法权益。

6. 强化社会责任

投资后，企业应积极履行社会责任，融入东道国社区，支持当地经济和社会发展。例如，通过参与公益活动、提供就业机会、支持教育和环保项目等，增强与东道国政府和社区的信任关系，提升企业形象。

第三章

境外投资劳动合规

在共建"一带一路"倡议的大背景下，中国企业正加速其国际化的进程，通过跨境投资与合作，积极参与全球经济的分工与合作。中国企业"走出去"不仅为其带来了前所未有的发展机遇，也伴随着对其劳动合规管理的更高要求。随着企业在共建"一带一路"国家的投资步伐加快，劳动合规问题尤为关键，它直接关系到企业的国际形象、社会责任以及可持续发展。

在共建"一带一路"框架下，企业不仅要遵守中国的法律法规，还应当深入了解并严格遵守东道国的劳动法律、文化习俗和商业惯例。境外派遣员工及境外当地用工的合规管理，是企业首先面对的问题。

本章将将深入分析境外派遣合规与当地用工合规的关键点，指导企业如何在尊重当地法律法规的基础上，构建合法、合规、和谐的劳动关系，以支持企业的全球化战略，实现互利共赢。

第一节　境外派遣合规

企业跨境投资过程中，根据业务需要，将国内员工派遣到境外分支机构、项目现场或合作单位工作，以支持企业的国际业务发展和项目实施。这一用工过程涉及派遣模式选择、工作签证办理、社保缴纳、薪酬发放及员工所得税缴纳等一系列问题。

一、境外派遣的模式

根据《对外劳务合作管理条例》《对外承包工程管理条例》以及《商务部关于加强对外投资合作在外人员分类管理工作的通知》等对外投资合作相关管理规定，我国企业外派员工主要有如下三种模式：

（一）对外劳务合作

对外劳务合作由具有对外劳务资质的对外劳务公司来与外派员工订立书面服务合同，与境外雇主签订劳务合作合同，协助员工与境外雇主建立境外劳动关系。

此种模式下，由境外雇主（即中国母公司的境外子公司）直接与具已经取得对外劳务合作经营资格证书并办理登记的对外劳务公司签订劳务合作协议，然后由对外劳务公司与外派人员订立书面服务合同。服务合同应当载明劳务合作合同中与劳务人员权益保障相关的事项，以及服务项目、服务费及其收取方式、违约责任等。

此外，对外劳务合作企业也可组织与其建立劳动关系的劳务人员赴国外工作，与劳务人员订立的劳动合同应当载明劳务合作合同中与劳务人员权益保障相关的事项。

（二）对外承包工程外派

在对外承包工程外派模式下，具备对外承包工程经营资格的中国企业，即对外承包工程企业，依照《对外承包工程管理条例》及相关法律法规的规定，向工程项目所在国外派劳动者。对外承包工程的企业有责任与外派人员签订劳动合同，双方之间建立劳动关系，即便在通过劳务中介机构招用外派员工的情况下，依旧如此。

此外，当对外承包工程企业作为总包单位将部分境外承包工程项目分包给其他单位时，必须确保分包单位具备相应的对外承包工程或对外劳务合作经营资格。若分包单位不具备该等资格，则总包单位应负责为外派人员办理外派手续，不得将外派人员单独分包，以维护劳动关系的合法性和外派员工的权益。

（三）对外投资外派

对外投资外派是中国企业将已经与其建立劳动关系的员工派往其境外子公司、分支机构、办事处或者代表处等外国企业工作，并为外派员工办理符合投资当地法律规定的工作手续。

需要注意的是，根据《商务部关于加强对外投资合作在外人员分类管理工作的通知》的规定，对外投资企业直接为其境外投资项目招收和外派人员，必须取得对外承包工程或对外劳务合作经营资格。

二、外派员工签证

在企业外派员工过程中，签证风险是中国企业进入目标国家时面临的首要风险。大部分国家要求外派到当地工作的外国员工必须持有工作签证。然而，由于工作签证办理手续复杂且耗时，许多企业倾向于办理商务或旅游签证来替代工作签证，忽视了签证合规的重要性。一些国家对违反工作签证相关法律的企业会处以罚款或取消其雇主担保资格，甚至会对企业的相关责任人处以刑罚。例如，某中国知名通讯企业的泰国子公司曾被泰国移民局查出有 50 多名非法外籍员工，其中 32 人的工作超出了工作许可的范围，另有 19 人持有旅游签证。[①]由于没有合法工作签证，公司因此受到巨额罚款。根据泰国《外国人工作法》规定，外国人须申请工作签证（非移民 B 类），并只有在入境后办理工作许可证之后才可以合法开始工作。

因此，企业办理合规的工作签证不仅是保障业务顺利进行和员工安全的必要条件，也是用工合规的重要内容。

三、外派员工社保

由于多数国家法律规定要求外籍员工在当地缴纳社会保险金，这就造成那些与国内公司保持劳动关系的外派人员存在双重缴纳社保的情形，进而会增加企业的负担。

---

① Webfacet. Labor Departmen Nets 51 Illegal Workers in Sathorn Phone Company Raid[EB/OL]. (2016-09-26)[2024-9-6]. https://aseannow.com/topic/945113-labor-department-nets-51-illegal-workers-in-sathorn-phone-company-raid/.

为解决上述问题，我国与包括韩国、日本、德国、丹麦、芬兰、加拿大、瑞士、荷兰、法国等国家签署了双边社会保障协定。根据双边社会保障协定，对于外派雇员在相关派驻国工作期间可免除缴纳派驻国当地社保。以中国企业外派员工到德国工作为例，根据《中华人民共和国与德意志联邦共和国社会保险协定》第四条规定，外派员工在被派往德国工作的第一个四十八个日历月内无需在德国缴纳法定养老保险及就业促进保险。

在工伤保险方面，大多数投资目的国，包括与中国签订双边社保协定的国家，均要求强制缴纳，以保护劳动者合法利益。为避免重复缴纳，减轻企业负担，我国《工伤保险条例》第 44 条的规定："职工被派遣出境工作，依据前往国家或者地区的法律应当参加当地工伤保险的，参加当地工伤保险，其国内工伤保险关系中止；不能参加当地工伤保险的，其国内工伤保险关系不中止。"因此，对于外派员工，如按照项目国当地的法律规定参加了当地的工伤保险，则国内企业可以为其停止缴纳工伤保险。否则，国内企业应当在员工外派期间为其继续缴纳工伤保险。

四、外派员工薪酬和个税缴纳

对于企业外派人员，其工资收入通常包括境内薪酬和境外薪酬两部分。企业在境外支付劳动报酬要及时并足额支付，否则将要面临严重的法律后果。例如，在泰国，根据其法律规定，如果雇主未能按约定的付款日期付款，则可能需承担每年 7%或 15%的利息。此外，如果雇主符合特定的《劳动保护法》规定，从逾期付款之日起，每逾 7 天可能还会产生额外的 15%利息。①

---

① Gun Akarin. 6 checklists to know before paying employee salaries in Thailand[EB/OL]. (2023-10-03) [2024-09-06]. https://rlcoutsourcing. com/blog/knowledge/6checklists-paying-employee-salaries-thailand/#:~:text=As%20per%20legal%20regulations%2C%20if,from%20the %20missed%20payment%20date.

对于存在双重收入的驻外人员，将面临中国和派驻国的双重征税问题。根据《中华人民共和国个人所得税法》的相关规定，对于境内收入，应按照中国法律缴纳个人所得税。对于境外收入，不论是否属于双重劳动关系，如果驻外员工"在中国境内有住所，或者无住所而一个纳税年度内在中国境内居住累计满一百八十三天的"[①]，其境外所得应按照中国法律缴纳个人所得税。对于在境外已缴纳的税款，可在中国应纳税额中予以抵免。

中国企业在派遣员工赴境外工作时，必须充分了解并遵守相关的薪酬支付和税务合规要求，以确保员工的合法权益和企业的合法运营。企业应确保按时足额发放驻外人员的薪酬，并妥善处理个人所得税的申报与缴纳事宜，避免因不合规操作而面临法律风险。

第二节　境外用工合规

本节所述境外用工合规主要是指中资企业境外子公司在投资目的国招聘当地员工并实施用工管理的合规工作。企业境外用工应当遵守当地法律并尊重当地宗教及文化习俗。

企业在投资目的国劳动用工通常受当地法律管辖，而不论该雇主企业是中资企业的子公司、分公司或仅是代表处。由于各国经济发展水平及宗教与文化的不同，各国与劳动用工相关的法律规范也不尽相同。因此，充分了解投资目的国劳动用工相关法律规范，应是企业进行跨境投资前需做好的尽调工作，而非投资后才去考虑，以免因用工合规问题导致企业生产效率降低甚至停工停产。企业境外用工合规涉及法律问题很多，本节将从以下几个方面进行阐释。

[①]　《中华人民共和国个人所得税法》（2018 修正）第一条

一、工时薪酬

（一）标准工时

一般情况下，法律规定的标准工时是每日工作时间为 8 小时，每周工作时间不超过 40 小时。因为企业投资目的国的经济、文化及宗教等不同，其法律规定与本国会有许多差异。例如，《泰国劳动保护法》规定工作时间标准为每日不超过 8 小时，每周不超过 48 小时，特殊行业每日工作时间虽可能延长，但是每周工作总时长不得超过 48 小时。对于有害雇员健康的工作和危险工作，每日不得超过 7 小时，每周不得超过 42 小时。再如，沙特阿拉伯《劳动法》规定如果雇主按日计发工资，不允许让雇员一天工作超过 8 个小时；如果雇主按周计发工资，不允许让雇员一周工作超过 48 小时；斋月适当缩短工作时间，穆斯林雇员每天工作不超过 6 个小时，或每周不超过 36 个小时。

（二）薪酬管理

1. 最低工资标准

为保护劳动者合法权益并维持劳动者基本生活水平，各国通常会对最低工资标准进行强行规定，但由于各国经济发展水平不同，其最低工资标准差异较大。例如，2023 年 4 月至 2024 年 3 月，英国最低工资标准为每小时 10.42 英镑（约合每小时 13.2 美元），而越南 2024 年最低月薪则约为 4,960,000 越南盾（约合 196 美元）。

同时，由于各国国内不同州（省）经济发展水平不同，其各州（省）的最低工资标准也会有所不同。例如，在泰国，截至 2024 年 1 月，普吉岛（Phuket）每日最低工资为 370 泰铢，陶公省（Narathiwat）则为 330 泰铢。

各国对于最低工资标准会随经济发展进行调整，但调整频率会有不同。因此，企业在用工期间，应随时留意当地最低工资标准的变化。

2. 加班工资

各国法律通常对于工作日、周末以及法定节假日加班规定不同的加班工资标准。例如，泰国《劳工赔偿法》规定，工作日期间的加班工资是正常工资的 1.5 倍，休息日期间的加班工资是正常工资的 2 倍，法定假日或带薪年假期间的加班工资是正常工资的 3 倍。

有些国家则对加班工资试用统一标准。例如，沙特《劳动法》规定雇主当付给雇员相当于基本工资 1.5 倍的加班费。如果企业以周为标准，那么超出一周约定工作时间的工时即为加班时间。节假日的工作都按加班计算。

3. 工资支付

用工企业必须按时足额支付员工工资，避免拖欠或克扣。工资支付周期应符合当地法律，一般每月支付一次，部分国家规定也可以按时、日或周为单位给付薪酬。支付方式可以为现金、支票或银行转账。用工企业不按时支付工资，可能面临支付迟延利息、处以行政罚款的处罚，严重者，可能还有面临刑事处罚风险。

此外，企业需确保工资支付符合最低工资标准，并包括各种津贴和福利。例如，越南 2019 年《劳动法》第 95 条第 3 款规定，雇主要提供薪资清单予劳工，其中注明薪资、加班薪资、上夜班薪资与被扣除内容及金额（如有）。同时企业还应依法代扣代缴员工的个人所得税，并按时向税务机关申报和缴纳，确保税务合规。通过制定详细的工资支付政策和进行定期内部审查，企业可以有效管理工资支付流程，确保合法运营。

工资支付的货币通常为用工企业所在国的法定货币，但是，如果企业雇佣外国人，则可协商以外币支付，如越南 2019 年《劳动法》第 95 条第 2 款即是如此规定。

4. 个人所得税

在企业跨境投资过程中，个人所得税合规是企业必须关注的重要领域。企业需要确保在中国和投资目的国均遵守相关税法规定,以避免法律风险和财务损失。

投资目的国法律通常规定个人所得税由企业为员工代扣代缴,这里的员工不仅包括企业雇佣的当地员工,也包括企业雇佣的外国员工。根据泰国税法规定,在一个计税年度内,一个外国人如果居住超过 183 天(某些情况下为 180 天),则应向泰国税务机关申报纳税。另外,我国与将近 100 个国家签订了避免双重征税协定。因此,用工企业除需要关注投资目的国有关个人所得税法律规定外,还应关注投资目的国是否与我国签订了避免双重征税协定以及具体规定如何。

关于税收问题,建议企业咨询当地税务部门或专业税务机构。

5. 休假管理

在跨境投资和企业运营中,休假管理是确保员工福利和满足法律合规的关键因素。有效的休假管理不仅能提高员工满意度和工作效率,还能减少法律风险。各国对休假制度有不同的法律规定,涉及年假、病假、产假、陪产假等多种类型。企业必须遵守所在地的劳动法规,合理安排员工的休假时间,确保员工的合法权益得到保障。同时,企业还应制定明确的休假政策,涵盖申请流程、批准机制和休假记录的管理,以实现透明和高效的管理。通过建立全面的休假管理体系,企业不仅能够营造积极的工作环境,还能提升整体运营效益和法律合规水平。

由于各国宗教、习俗、文化的不同,法律对于公共假期的规定有着较大差别,尤其是宗教氛围比较浓郁的国家。例如在泰国,其公共假期还包括佛教中的出家休假(每年不超过 120 天)和穆斯林的朝觐假(每年不超过 120 天)。但这并不意味着泰国人工作时间短,相反,据世界劳动组织(International Labour Organization)网站显示,2023 年,泰国人平均每周工作小时数为 42.3 小时,接近中国香港人均 43 小时,高于越南的 41.6 小时。

除了公共假期,各国对于带薪年假的规定也有很大不同。例如,越南《劳动法》规定为单一雇主工作满 12 个月的劳工,可获得 12 天带薪年假,为单一雇主工作每足 5 年则劳工的休年假天数得增加相应 1 天。泰国《劳动法》则规定工作满一年则可有不少于 6 天的带薪年假，具体休假天数可由雇主与雇员协商并记载于劳动合同中。

因此，企业在跨境投资时，应结合企业人资部门，熟悉投资目的国劳动法律并做好工作规划，尤其是中国境内投资主体与目的国公司之间业务往来特别密切的情形，务必提前做好工作安排。

二、歧视及性骚扰

在跨境投资和国际业务拓展中，歧视和性骚扰的防范与管理是确保企业合法运营与维护员工权益的关键组成部分。各国法律对歧视和性骚扰有严格规定，企业必须全面理解并遵守这些法规，以防止出现法律纠纷和声誉损失。反歧视政策应涵盖招聘、晋升、薪酬、培训等各方面，确保在种族、性别、年龄、宗教、残疾等方面给予员工平等机会。性骚扰防范措施则需包括明确的举报机制、调查流程和保护措施，营造安全和尊重的工作环境。制定并执行严格的反歧视和性骚扰政策，不仅有助于构建健康的企业文化，还能提高员工的工作满意度和企业的整体绩效。企业通过持续的教育培训和政策宣传，强化员工对反歧视和性骚扰问题的认知与防范能力，确保其在国际化运营中保持高标准的道德和法律合规水平。

例如，越南《劳动法》第 135 条"国家政策"第 1 项就规定：确保男女工的平等权，采取性别平等措施及防范职场性骚扰。该法第 136 条"雇主责任"第 1 项则规定：制定雇用、安置、安排工作、培训、作息时间、薪资及其他制度，确保实施男女平等及促进男女平等的措施。

再如，泰国《劳动保护法》第 15 条规定，雇主在雇佣过程中应平等对待男性和女性员工，除非工作描述或工作性质不允许如此对待。第 16 条则规定，雇主、主管、监督员或工作检查员不得对雇员实施性侵害或性骚扰。违反上述条款则将面临最高 20000 泰铢的罚款。

另外，企业在宗教国家运营时，还必须高度重视并尊重员工的宗教信仰自由，不得对员工的宗教信仰或宗教活动进行不公平对待或不合理限制。同时，要确保所有员工在招聘、培训、晋升、薪酬和日常工作中享有平等的权利。

三、工会管理

在跨境投资过程中，工会管理是企业劳动用工合规管理的关键组成部分。工会在许多国家和地区，不仅是员工维护自身合法权益的重要平台，亦是企业与员工进行沟通和协商的主要渠道。妥善管理工会事务，不仅有助于维护和谐稳定的劳动关系，还能提升员工满意度，增强企业的整体竞争力。

各国的工会法律法规存在显著差异，企业在进入不同市场时必须深入了解并严格遵守当地的工会相关法律。许多国家法律规定，企业必须允许员工自由组织和参加工会活动，并保障工会在集体谈判、劳动争议解决等方面的权利。企业需确保不干涉工会活动，不因员工参加工会而进行任何形式的歧视或报复。例如，越南《劳动法》第3条第8项规定：劳动歧视系指针对……成立、加入和参与工会或工人组织活动而造成的任何区分、排斥或偏好，这些行为影响了就业或职业中的机会平等。

尽管工会是劳动关系中的重要组织，但有时工会活动可能演变为员工罢工。越南《劳动法》设专节对罢工的定义、罢工的场合、罢工的程序等进行了专门的规定。在面对员工罢工时，企业应保持冷静并采取适当措施，包括与工会管理人员进行沟通和协商，寻求解决方案以尽量减少生产和经济损失。越南《劳动法》规定，在解决集体劳资纠纷时，劳资各方如"选择透过劳动仲裁委会解决纠纷时则在劳动仲裁委会正解决纠纷时，劳工代表组织不得进行罢工"。同时，企业也应依法保障未参与罢工的员工的权益，并与相关政府部门合作，妥善处理罢工事件，维护劳动关系的稳定和谐。

在实践中，企业应建立并维护与工会的良好关系，通过定期的沟通和协商机制，及时解决员工关心的问题，以促进企业的长期稳定发展。

同时，企业还应为管理层和员工提供相关的培训，帮助他们了解工会的作用和工会活动的合法性，确保各方在法律框架内开展活动。

综上，工会管理是跨境投资企业劳动用工合规管理的重要环节，企业需高度重视，通过合规的工会管理，促进企业与员工的良性互动，确保企业在全球市场的可持续发展。

四、解聘管理

在跨境投资企业的运营过程中，解聘管理是劳动用工合规管理的关键环节之一。解聘不仅涉及法律法规的严格遵守，还将直接影响企业的声誉和员工的工作情绪。因此，制定并执行合规的解聘政策对于跨境投资企业至关重要。

解聘管理的核心在于确保解聘程序的合法性和透明度。各国的劳动法律法规对解聘的理由、程序、通知期限和补偿标准等都有明确的规定。企业必须熟悉并遵守所在国的相关法律，确保解聘程序符合法律要求。例如，越南《劳动法》规定，终止无固定期限劳动应提前最少45日通知。泰国《劳动保护法》则规定"雇主或员工可以通过在任何工资支付到期日或之前，以书面形式提前通知对方终止合同，该通知将在下一个工资支付到期日生效，且不需要超过三个月的提前通知"。

对于离职补偿，各国的规定更是千差万别。越南《劳动法》第41条规定了雇主违法解除劳动合同应承担的责任。其中，如果雇员无意继续工作的，雇主则应赔偿至少2个月薪资并加上离职补贴（每工作满1年者给付半个月薪资）。泰国《劳动保护法》则规定，雇主无理由解除劳动合同的，应支付离职补偿，其离职补偿按照工作时长计算：工作超过120天的，补偿30天薪资；工作超过1年不满3年的，补偿90天薪资；工作超过3年不满6年的，补偿180天薪资；工作超过6年不满10年的，补偿240天薪资；工作10年不满20年的，补偿300天薪资；工作超过20年的，补偿400天薪资。

除了法律合规，解聘管理还应注重人性化处理。企业应在解聘前与员工进行充分的沟通，确保员工了解解聘的原因和后续安排。对于被解聘员工，企业应提供适当的经济补偿、心理支持和职业转型建议，以帮助他们顺利过渡到新的职业阶段。

在跨境投资中，不同文化的差异也对解聘管理提出了挑战。企业需要理解和尊重当地的文化和习俗，采用适当的沟通方式和处理方法，以减少解聘对员工和企业带来的负面影响。

总之，解聘管理不仅是企业法律合规的必要环节，也是维护企业声誉和员工关系的重要手段。只有通过制定和实施合规、透明及人性化的解聘政策，跨境投资企业才能够有效应对解聘挑战，促进企业的长期稳定发展。

五、文化与人权合规

在全球化背景下，跨境投资企业不仅要关注经济利益，还需高度重视文化与人权合规。这不仅是企业社会责任的体现，也是企业在国际市场中立足和发展的基础。文化与人权合规涉及企业在运营过程中对不同国家和地区文化的尊重，以及对员工基本人权的保障。

（一）文化合规

文化合规要求企业在不同文化背景下运营时，不仅要尊重当地的文化习俗、宗教信仰和社会规范，还要积极融入其中。这意味着企业需要深入了解并严格遵循当地的节假日安排、工作时间规定、着装要求、语言习惯，以及其他各种文化细节。例如，在穆斯林国家，企业应尊重当地的宗教传统，为穆斯林员工提供必要的祷告时间和清真食品，同时还应考虑到宗教节日可能对员工出勤和工作安排的影响。

为了实现这一目标，企业应实施文化敏感度培训和多样性管理战略，以增强管理层对不同文化的理解和包容性。这不仅有助于减少因文化差异引发的误解和冲突，还能提升企业内部的凝聚力和员工的整体满意度。只有通过积极的文化适应和合规实践，企业才能够在全球市场中建立更加强大的声誉和竞争优势。

（二）人权合规

人权合规是跨境投资企业劳动管理的核心内容之一。国际和地方的人权法律法规要求企业在全球运营中保障员工的基本权利，包括劳动权利、平等权利和言论自由。企业必须确保工作环境安全、工作条件公平，并禁止任何形式的歧视和骚扰行为。例如，企业应制定明确的反歧视政策，杜绝性别、种族、宗教、年龄、残疾等方面的歧视行为。同时，企业应建立健全投诉和申诉机制，确保员工的合法权益得到有效保护。

跨境投资企业在实现文化与人权合规的过程中，应通过定期内部审查和第三方评估，及时发现并解决问题。合规管理不仅能提升企业的国际声誉和员工的满意度，还能降低法律风险，促进企业的长期稳定发展。通过尊重文化多样性和保障人权，企业可以在全球市场中树立负责任的企业形象，赢得更多的社会信任和商业机会。

综上所述，在跨境投资过程中，劳动合规是企业稳健发展的基础。企业必须全面遵守当地及国际劳动法律法规，以确保工时薪酬、休假管理、反歧视与性骚扰防范、工会管理和员工解聘等方面的合规操作。只有通过建立透明的薪酬体系、尊重员工的法定休假权利、制定明确的反歧视和反性骚扰政策、支持工会的独立性，并在解聘员工时遵守公平原则，企业才可能有效降低法律风险，提升员工满意度和企业声誉。此外，企业应重视文化与人权合规，尊重多样文化和保护基本人权，确保全球运营的合法性与道德标准。通过这些措施，跨境投资企业不仅能实现可持续发展，还能在国际市场中树立良好的企业形象，赢得广泛的社会信任和支持。

第三节 企业跨境用工违规案例

在跨境投资过程中，中国企业往往面临复杂的劳动用工环境。尽管大多数企业都力求合规运营，但在实际操作中，因对目标国家劳动法律法规的理解不充分或管理疏忽，仍可能出现不合规现象。这些不合规行为不仅可能导致企业面临法律诉讼和经济处罚，还可能损害企业声誉，影响其在国际市场的长期发展。通过分析典型的不合规案例，企业可以深刻理解和认识到潜在风险，学习和借鉴应对措施，从而在其未来的经营中避免类似问题的发生，确保合规运营，保护企业和员工的合法权益。以下将介绍几个中国企业在境外用工不合规的实际案例，旨在为其他企业提供借鉴，帮助其在境外投资过程中更加稳健地推进劳动用工合规管理。

案例一：某机械设备制造公司在越南的用工不合规问题

在越南海防市，某中国机械设备制造越南子公司因分销商拖欠货款，导致公司回款困难，流动资金出现一定程度问题。为了缓解资金压力，公司将追回货款的任务分摊到销售员身上，并在劳动合同中通过补充协议约定："工资按照追回货款的比例进行发放。"该做法被员工举报至劳动监察部门，导致公司被处以 2000万越盾（约合人民币 6000 元）的罚款，并被责令及时补发工资。

依据《越南劳动、社保、依据合同派越南劳工去境外工作领域行政处罚规定的议定》（28/2020/NĐ-CP），雇主未能及时足额支付工资的，除了被责令补发外，还需按银行存款利率支付利息。同时，欠付 1 至 10 名员工工资的雇主将被罚款500 万越盾至 1000 万越盾（约合人民币 1500 至 3000 元）。

这个案例提醒企业管理者，在跨境投资过程中，必须严格遵守当地劳动法，确保工资支付的合法性和及时性。通过合法合规的用工管理，企业不仅能维护员工的合法权益，还能避免产生因不合规行为导致的法律纠纷和经济处罚，保护企业的声誉和保持稳定运营。

案例二：中国某工程集团有限公司与武女士的劳动争议案

武女士于 2001 年 12 月 28 日入职中国某工程集团有限公司，其工作地点在尼日利亚，但双方未签订书面劳动合同。在工作期间，该工程集团公司尼日利亚有限公司每季度将工资打至武女士的银行账户。2014 年 5 月 9 日，武女士离职后向法院提起诉讼，请求确认其与中国某工程集团有限公司存在劳动关系。对此，中国某工程集团有限公司则主张武女士与该公司的尼日利亚有限公司存在劳动关系。

法院经审理后认为，中国某工程集团有限公司是尼日利亚有限公司的股东之一。武女士在接受工程集团公司的培训后被派往尼日利亚公司工作，尼日利亚公司以项目部的名义对武女士进行管理，且工作地点和工作内容均未发生变化。因此，法院判决确认武女士与中国某工程集团有限公司存在劳动关系。

这个案例揭示了境内企业将员工派驻到境外实体公司或分支机构工作时的劳动关系认定问题。尽管境外公司在日常管理和工资支付方面承担了具体职责，但员工与境内企业的劳动关系并未因此中断。本案中的武女士，她接受中国某工程集团有限公司的委派至尼日利亚工作，虽然由尼日利亚公司发放工资，但其与中国某工程集团有限公司的劳动关系依然存续。

因此，企业在跨境派遣员工时，应明确劳动合同和工作安排，以避免类似争议的发生。确保劳动合同的签订和管理流程明确，能够分别有效保护企业和员工的合法权益，避免因法律疏忽而导致产生纠纷和不必要的经济损失。只有通过建立清晰的派遣机制和进行合规管理，企业才可能在国际运营中实现稳定和可持续发展。

第四节　境外投资劳动合规建议

中国企业在进行境外投资时，面临的劳动用工合规问题复杂多样，很多"走出去"企业因未能充分准备而面临各种法律纠纷和风险。虽然各企业的具体情况和投资目的国的劳动法规各有不同，但以下建议可供中国企业在"走出去"过程中作为劳动用工合规的基础参考。

一、根据企业自身情况，选择合适的外派形式

如本章开头所述，中国企业向境外派遣员工时，有三种不同的派遣模式，即对外劳务合作、对外承包工程外派及对外投资外派。例如，中资企业境外有大型基础设施建设，需要大量劳动用工，则此时可选择对外承包工程外派。又如，需要向境外子公司派遣中国母公司高管，则可选择对外投资外派。派遣形式不同，所建立的劳动关系也会存在差异。劳动关系不同，员工工资福利发放、社保费用缴纳、工伤事故赔偿等都会不同。因此，企业在对外派遣员工前，应做相关法律尽调，听取律师及人力资源中介机构的专业意见，选择具有对外劳务派遣资质的中介机构，合理安排派遣方式并签订合适的法律合同，以确保将员工外派法律风险降至最低。

二、投资前先完成当地劳动用工法律尽调，确保用工合规

企业在投资东道国招聘当地员工并实施用工管理时，必须遵守当地法律并尊重当地的文化和宗教习俗。企业在用工前需进行全面的法律尽职调查，了解投资目的国的劳动用工相关法律规范，确保合规用工。法律尽调项目至少应包括用工当地劳动法规定的劳动关系建立与解除（终止）、工时及休息休假制度、工资和社保福利待遇、劳动健康与安全、工会组织、罢工和劳资纠纷解决、反歧视及性骚扰规定以及外国人就业相关规定。

三、聘请律师，制定企业用工管理制度

企业需聘请劳动法律专业律师，制定企业用工管理制度，以确保企业在劳动用工方面的合法性和透明度，保障员工的合法权益，提升员工满意度和企业凝聚力。这不仅有助于预防法律风险，避免因违法用工导致产生法律纠纷和经济损失，还能促进企业内部的和谐关系，提升工作效率和企业形象。只有通过规范管理，企业才有可能在多变的市场环境中保持稳健运营，避免法律风险并实现可持续发展目标。

第四章

企业境外投资税务合规

许多中国企业"走出去"时，税务合规问题是诸多合规问题中最不容小觑的，很多企业因不了解双边税务政策而导致面临被双重征税、被罚款等各种风险。在目前的国际税收研究中，中国企业"走出去"方面的税务实务研究仍存在很多的挑战和困难，究其原因主要是缺乏境外税务实务经验以及具体行业的具体运作各不相同。本章关于企业境外投资税务合规方面的介绍旨在为读者厘清企业"走出去"税务合规的基本关注点及合规的基本思路，以帮助企业在"走出去"实践中进一步打开税务合规的搭建思路。

第一节　企业境外投资税务合规的基本关注点

虽然"国际税收"这个概念经常在企业境外投资领域被使用，但需要明确的是，税法并不是国际性的（除少数特例外），它们是主权国家的产物，也不存在由联合国或经济合作与发展组织等国际组织的共同行动而产生的高于国家层面的国际税收法律。准确来讲，"国际税收"应被理解为是"两国或两个以上的国家（地区），在依据各自的征税权利对从事国际经济活动的跨国纳税人进行分别课税而形成的征纳关系中，所发生的国家之间的税收分配关系"。对于中国企业而言，"走出去"企业的母国是中国，其需要遵循的包括中国的一般税制和中国税制中的国际税部分。同时，"走出去"企业也要受东道国税制的约束管辖。因此，对于"走出去"企业而言，其应在做到税务合规的同时需要承担对母国和东道国的双重责任。这意味着企业不仅要在"走出去"的过程中，根据实际情况选择和确定自己的法律身份，来确定要对母国和东道国所需承担的税收责任，也要清楚了解母国和东道国的双边约定以及其各自对于国际经济活动有关的税制规定。

一、境外投资纳税主体身份选择

中国企业"走出去"到境外，在境外税收上有两种身份可以选择，即居民纳税人身份和非居民纳税人身份。各国法律对于居民纳税人身份的定义不尽相同。例如，在泰国境内按照泰国法律设立的公司或合伙企业为泰国居民企业，包括有限责任公司、公共有限公司、股份有限公司、已注册的普通合伙公司等。根据沙特阿拉伯等规定，一个纳税年度内满足以下两个条件中等任意一个即被视为沙特居民：①该企业根据沙特法律注册成立；②该企业的实际管理机构位于沙特境内。通常来说，在各东道国最常见的居民企业身份是独资公司和合资公司。如果选择非居民身份，则还要进一步选择是设立机构场所还是不设立机构场所。设立机构场所最常见的形式是分公司和代表处；不设立机构场所则体现为承包工程或提供服务。[①]例如，中国居民企业甲公司通过分公司在 A 国开展业务，则分公司在 A 国是非居民的身份，A 国会对其按照非居民企业征税。同时，从中国的角度来看，分公司则是甲公司的一部分，是中国的居民企业。因此，当分公司实现利润时，该利润应当作为甲公司的境外所得立即在中国产生企业所得税纳税义务。又如，中国居民企业乙公司将 B 国的分公司变更为子公司，并使子公司在 B 国取得居民的身份，B 国会对其按照居民企业来征税。这时从中国的角度来看，子公司则不再是乙公司的一部分，因此其也不再是中国的居民企业。因此，当子公司实现利润时，该利润不会立即形成中国的应税所得在中国产生纳税义务。只有当子公司向乙公司分红时，该项境外所得才在中国产生纳税义务。

对于中国企业而言，其"走出去"在境外开展业务会因不同发展阶段以及对商业、税务环境条件的考量，从而选择在东道国选择不同的纳税主体身份，并注册不同的法律组织机构。很多情况下，企业到境外的初期会以非居民的身份先开始开展业务（如在东道国设立代表处或分公司，亦或不设任何机构仅以非居民企

---

① 王坤，赵卫刚. "走出去"企业税务指南[M]. 北京：中国市场出版社，2017.

业身份在当地开展活动）；随着业务的开展以及对其发展的考量，又慢慢演变为居民的身份（设立独资公司或合资公司）。无论选择居民还是非居民的身份，不同的法律主体都有各自的税务风险和合规要点，以下将几个常见的法律主体的税务合规要点作为说明对象。

（一）代表处、办事处

代表处、办事处是外国企业在东道国常驻的外派代表机构，其通常起到的作用是代表母公司在某地进行相关的业务联络，代表母公司处理其在当地的一些事宜。例如，收集市场信息、联系客户、与当地政府和机构进行攻关联络，以及开展一些简单的、准备性的、辅助性的非直接经营性业务。代表处、办事处在东道国并不是一个独立的法人机构，即不是承担有限责任的法律主体，东道国境外的外国企业将承担代表处、办事处的全部法律责任。因此，通常情况下代表处、办事处不可以进行直接的盈利性质的商业活动，例如，不能进行进出口贸易、不能与当地客户签约销售、不能实施工程建设等。通常情况下，东道国对代表处、办事处等机构要求较少，管理程序简单。此类代表处、办事处必须依照东道国的相关公司法和工商规定在当地注册登记，设有常驻的固定办事机构和场所，同时必须在东道国当地注册税务登记号。大多数东道国为了简化税务征收流程，对代表处、办事处都采取核定征收、简化税收征管方式。例如，将代表处的房租、办公费用、人员费用、交通费用等汇总，通过成本加成率进行核定征收。

通常情况下，中国"走出去"企业的境外代表处很容易忽视东道国的财税问题，或对当地税务遵从要求不够了解，从而导致税务合规风险。在以往的实践中，最常见的税务风险是错误地认为代表处没有收入、没有利润，就没有申报纳税的义务，忽视了东道国还有其他地方税和附加税费需要申报缴纳的要求与义务。例如，在一些东道国，中国驻外代表处、办事处即便获得了企业所得税及流转税免税待遇，仍然需要按相关税法规定按期申报和缴纳外派中方人员、当地雇员的个人所得税，租用办公室、酒店公寓的房产税和车辆使用税，以及相关地方附加税。

大多数东道国都有强制的日常"免税或零税务"申报和财务报表报送的要求。再如，从纳税申报义务来看，即使代表处不缴纳所得税和流转税，中国驻外代表处、办事处也必须在每个季度末或在年中进行纳税申报，年终进行财务审计和税务汇总申报。如果忽略东道国的这类强制性税务遵从要求，代表处将被罚款和课征滞纳金，留下不良税务信用记录。[①]

（二）子公司

中国企业在境外的子公司作为独立法律主体，一般是根据东道国法律设立的有限责任公司或法律允许的其他形式。子公司作为独立法人主体，属于东道国的居民企业，其经营范围通常包括项目货物进出口、当地货物销售和提供服务、项目施工等。中国企业子公司作为东道国的居民企业，最直接的优势是可以享受当地的税收优惠政策，因为很多国家只给予居民企业税收优惠，如进口设备免进口税、研发费用加计扣除等，但并未赋予非居民企业相同的权利。需要注意的是，成为东道国的居民企业，意味着其在该国负有无限纳税义务，尤其是当该国整体税负较重时则要慎重考量。

（三）分公司

通常情况下，根据各国的公司法，外国企业在东道国设立的分公司不具备独立法人资格，其法律责任由总公司承担。从纳税角度来讲，"走出去"企业在东道国设立的分公司，实行据实申报、查账征税，这一点与子公司的税务管理基本相同。作为非居民企业，分公司与子公司相比，劣势主要体现在很多国家对非居民企业通常采用核定征收法征税，而核定的利润率往往较高，导致税负也同样升高。当然，分公司作为非居民企业，也同样具备一定的优势和利益。例如，分公司可直接享受中国与东道国签订的税收协定优惠待遇，且无须开具"中国税收居民身份证明"，无须在境外税务机关举证；可避免分红预提税等，一些国家对外国公司

[①] 梁红星. "走出去"国际税收实践[M]. 北京：中国市场出版社，2024.

对分公司约束较少，允许其开展经营活动，税法上又没有分支机构利润汇出所得税。因此，分公司在获得利润时只需要缴纳一道企业所得税，当其利润汇回境外总公司时，不再需要缴纳预提所得税，等等。

不同的纳税主体身份意味着不同的权利和义务，企业在境外投资时选择主体身份时既要有商业方面的考虑，也不可忽视税务后果，尤其是不同纳税主体的合规义务要点不尽相同，应当引起重视。

二、理解和把握东道国税制的特点

中国"走出去"企业在东道国，特别是在很多发展中国家，往往感到东道国的税制及相关税法规定不健全、不完善、不透明。东道国存在地方税收征管部门自由裁量权较大、随意执法的现象，其税法规定与实际操作之间存在很大差距。"走出去"企业因此很难准确理解和把握相关税法，进而很难遵从东道国的税收法规和预防当地的税务风险。虽然各个国家的税制法规及执法方式不尽相同，但总体而言，发达国家和发展中国家的税制都有系统特点。笔者将以具体国家的税制为例分析发达国家和发展中国家的税制特点，以便"走出去"企业更好地把握东道国税制规则和规律。

（一）发达国家税制特点

目前，世界上30多个发达国家中以欧美国家为主，大多是成熟的市场经济国家。总体而言，发达国家的税制特点是税收法规虽比较规范但又比较复杂，这些国家的主体税种是所得税（包括企业所得税和个人所得税）、流转税（增值税）和关税，相关限制条件和具体计算非常复杂与繁琐，需要专业人员细分应对。

欧美发达国家的税收通常有法可依、有矩可循。从税收法规的立法程序来看，欧美发达国家的国会或议会在对外公布新的税收法规前，一般都会将草案对外公布，征求意见，只有经社会各方讨论和反馈后，才能提交立法程序。新的税法通过后，会在欧美发达国家财政部的网站对外公布和宣介，并附相关解释和答疑。

因此，这些国家的相关税收法规相对透明和公开，相关者易于知晓。同时，欧美发达国家之间的税收协定和税收多边合作条约较多且铰规范，各国也基本遵从税收协定和多边合作约定且严格执行，如欧盟成员国都适用统一的欧盟关税法令、所得税法令及增值税法令，美国、加拿大则都遵从北美贸易区的相关关税协定。欧美发达国家的税收征管比较严格，不拘于形式，更重视实质，特别是坚守税企双方的互信和互用。例如，欧美发达国家虽没有税务机关统一监制的发票，企业可以自行开具带有个性特点的商业发票，但该商业发票必须完整体现税务机关要求的所有信息，包括税务登记号、银行账号、营业地址和联系方式等。再如，在欧盟很多国家，若企业提交了当地税务机关的实现税收裁定或转让定价国别报告，税务机关就会信任企业将自觉遵守承诺，遵从和兑现相关数据、指标。若随后情况有较大变化，企业必须及时告知当地税务部分，提交充分的证明和解释并于税务部门协商调整应对措施，否则就会被税务机关取消相关税收优惠或做纳税调整补税。又如，欧美发达国家的税务机关一般不会经常对企业开展税务检查或稽查。税务机关会信任纳税人的日常税务遵从（如企业自行申报和缴税），很少有税务机关不信任纳税人的真实财税资料进而进行核定征税。但是，企业一旦被税务机关稽查出问题，将会被追溯检查，要求补税且被重罚并课以滞纳金。因此，企业平时就必须及时、完整地保存财税遵从资料，随时准备接受税务机关检查。另外，近年来，发达国家的征税方式也比较先进和便捷，充分实现了信息共享和公开，企业可以直接在网上申报、缴纳税款、查询相关税务信息。当然，税务机关也可以运用大数据有针对性地对有疑点的纳税人进行质询和检查。

鉴于发达国家的上述税制特点，企业通常需要在专业机构的帮助下，把税法要求的申报资料和备案信息及时、充分且完整地通过网络提交给税务机关。企业可以自动享受税法规定的处理结果或享受相关税收优惠，除非将来税务机关发现企业提交的信息和资料不完整或有错误，才会通知企业进行补充说明或更正。

（二）发展中国家税制特点

发展中国家的税制虽然各不相同，但也有一些共同的特点：发展中国家税制相对比较简单，有待规范，实际操作中不确定性大，需要在试错和实践中学习和掌握。

很多发展中国家曾经是一些西方国家（如英国、法国、西班牙、葡萄牙等）的殖民地。时过境迁，这些发展中国家虽都已独立，但其税制很多仍沿用殖民地时期制定的税法，并没有做较大的修改。例如，西非各国是原法属殖民地，其税制和法律受法国的影响非常深远；老挝、柬埔寨同样仍沿用法国税制的体系；安哥拉、赤道几内亚等国作为葡萄牙曾经的殖民地，其税制仍有葡萄牙税制的烙印；南美洲各国则深受西班牙税制的影响。因此，对这些国家的原宗主国的现行税制进行学习和研究，有助于理解和掌握这些发展中国家的现行税制。

从主体收入的税种来看，大多发展中国家的主体税种是流转税（增值税或货物和服务销售税），所得税占比较小；地方税较庞杂，一些国家有地方的合同注册税、跨省的过路税、地下资源税、城市户外广告税等。例如，在柬埔寨，公共照明税、酒店住宿税等；墨西哥有环境税、分支机构汇款税等。地方税往往由地方政府相对独立立法和征收，中央（联邦）政府很难统一和协调。正是因为税制的相对简单和不完善，地方税务机关的执法解释带有一定随意性，企业对税法的理解多凭以往经验和试错总结。

从基层的具体税务执法角度来看，一些发展中国家的地方税务部门执法存在一定随意性和人为性。例如，一些基层税务检查官不严格按照税务法规和程序执法检查，个人的"自由裁量权"较大，甚至存在寻租现象，对于同一税务事项，不同时期、不同税务检查人员的处理结果可能不一样。对此，中国"走出去"企业要加以重视，争取得出准确判断和对理解税法的实际执行，更好地应对税务检查的不确定性。

特别值得注意的是，随着共建"一带一路"倡议的推进，中国"走出去"企业越来越多在发展中国家投资、经营，成为这些国家的重点水源和重点税收管理和监管的企业大户。同时，发展中国家也开始加强对中资企业采取反避税措施，如学习中国及西方国家对税收检查、稽查和反避税的手段和经验，完善转让定价的法规，开始做纳税调整；运用现代化手段和方式（如电算化、大数据、网络取证等），针对中资企业开始加强监管。同时也有很多发展中国家开始积极加入国际税收合作，如依据双边税收协定交换税收情报，通过CRS合作从对方国家调取银行信息，以此进行反避税。

从税收立法、执法和司法的角度看，一些发展中国家延续了其原宗主国的政治体制，即立法、执法、司法三权分立，中央与地方政府相对独立，各司其政，税法的具体执行部门自由裁量权较大，具体执行尺度也可能不一致。例如，企业会面临地方税务机关的随时检查或重复检查（这类税务检查多以补税罚款为目的），但当其遇到税收纠纷和争议时，需要提起诉讼，而不是像在中国那样，先由税务征收机关进行行政复议。虽然发展中国家有相应的法律诉讼程序，但因诉讼过程较长，且中资企业需花费较多诉讼费用聘请中介和税务律师代理诉讼，甚至即便赢了诉讼，最终执行仍较困难。因此，很多"走出去"企业不愿选择诉讼，而是希望与当地税务机关协商解决，但因为这些国家的执法和司法体制分离，税务机关的默许和认可往往不能保证彻底结案。后续流程中，因税务机关的具体主管或稽查官员的变动，可能会"翻案"或重新补征税款，有的中资企业甚至因此陷入行贿受贿的负面舆论之中。[1]

总体而言，很多发展中国家的税制和相关税法规定不健全、不完善、不透明。东道国存在地方税收征管部门自由裁量权较大、随意执法的现象，其税法规定与实际操作之间存在很大差距，"走出去"企业仅凭自己的认知或理解很难达到税务合规的要求，建议其要与有丰富当地税务经验的专业人士达成长期合作，以避免不必要的税务合规风险。

---

① 梁红星. "走出去"国际税收实践[M]. 北京：中国市场出版社，2024.

第二节　企业境外投资的税务合规

根据国家税务机关近年来针对"走出去"企业的一系列调查问卷和访谈资料分析发现，很多"走出去"企业在税务方面还没有做好相应的准备，对境内、境外税务方面的相关规定缺乏清晰认识，具体体现在：（1）不重视中国企业"走出去"的境内合规要求。2014年，国家税务总局发布《国家税务总局关于居民企业报告境外投资和所得信息有关问题的公告》（国家税务总局公告2014年第38号，以下简称38号公告），用于规范居民企业境外投资和所得信息报告的内容和方式。根据该规定，居民企业成立或参股外国企业，或者处置已持有的外国企业股份或有表决权股份，符合相应情形的，且按照中国会计制度可确认的，应当在办理企业所得税预缴申报时向主管税务机关填报《居民企业参股外国企业信息报告表》。然而，国家税务机关通过调研发现，还有很大一部分企业并不了解上述披露信息的要求，或者即使了解也未予以重视，不能主动申报关联申报数据，企业在境外的经营情况并没有在关联申报中真实体现。这都充分说明"走出去"企业没有重视国内税收政策合规性要求。（2）不重视国际税收风险防控。一是缺乏对税收协定的了解。有80%以上的中国企业不了解中国与其他国家的税收协定待遇，在遇到税务争议或歧视待遇时，只有极少数企业懂得利用相互磋商程序化解税务纠纷。这说明企业对税收协定缺乏足够的了解，很少有企业充分利用这一"护身符"解决税收争议和歧视待遇问题。（3）不重视东道国税务合规要求及税收风险，缺乏遵从当地税法的强烈意识。"走出去"的企业通常最想了解东道国的税收优惠制度，但对于税种及税率、征收方式、税收协定、税务合规的关心程度则逐渐下降，对于跨境交易涉及的合规要求，如转让定价、资本弱化等问题更是缺乏足够了解。事实上，许多国家的税务机关对跨境税源的监管十分严格，对跨境交易的信息披露要求很高，对不遵从当地税收规定的惩罚措施十分严厉。据了解，在美国，有的中国"走出去"企业由于没有正确履行跨境交易信息申报要求，而被美国税务机关处罚。[①]总体而言，很大一部分"走出去"的企业不认为税务问题是大问题，这是造成境外分支机构税务风险的主要原因。另外，一些企业在作出经营决策前，虽然也进行税务咨询，但税收往往是企业最后考虑的问题，这势必会给企业带来很高的税务风险。

笔者认为，对于"走出去"企业而言，税务合规问题同时涉及境内和境外两方面，要做到境内合规与境外合规并重，不可顾此失彼。

一、境内合规方面

"走出去"企业从境外取得所得，根据境外相关国家的税收法规和国际税收协定的规定缴纳外国税；此外，还要依据中国的税法规定缴纳中国税。很多"走出去"企业会忽视后一环节，造成税务风险。根据《国家税务总局关于居民企业报告境外投资和所得信息有关问题的公告》，符合规定的"走出去"企业应按照要求向主管税务机关填报《居民企业参股外国企业信息报告表》和《受控外国企业信息报告表》。也就是说，"走出去"企业在税务合规方面第一步要完成的就是境内合规问题。以下为"走出去"企业在境内税务合规方面需要注意的若干问题：

1. 依法进行税务登记管理。《税务登记管理办法》第二条规定，企业，企业在外地设立的分支机构和从事生产、经营的场所，个体工商户和从事生产、经营的事业单位，均应当按照《中华人民共和国税收征收管理法》及其实施细则和该办法的规定办理税务登记。同时，该办法第十八条规定，纳税人税务登记内容发生变化的，应当向原税务登记机关申报办理变更税务登记。因此，如果"走出去"企业在境外设立分支机构或以其他方式在境外进行投资，设计税务登记表和税务登记证副本中填写信息发生改变的，应该按照《税务登记管理办法》的规定，自境外投资项目被境内有关部门批准之日起 30 日内到所在地主管税务机关依法办

---

① 梁红星. "走出去"国际税收实践[M]. 北京：中国市场出版社，2024.

理变更税务登记，向税务机关反映其在境外投资的有关情况。

2. 境外投资和所得信息报告。根据 38 号公告，符合规定的"走出去"企业应按照要求向主管税务机关填报《居民企业参股外国企业信息报告表》和《受控外国企业信息报告表》，并按规定附其他与境外所得相关的资料信息。关于报告境外投资和所得信息的具体规定和其他有关事项，详见 38 号公告，以及《国家税务总局关于做好居民企业报告境外投资和所得信息工作的通知》税总函【2015】327 号）。

3. 境外所得申报管理。境外所得税收管理包括纳税申报、税款缴纳和抵免等。关于境外所得申报，《企业所得税法》第三条、第十七条、第二十三条、第二十四条有详细规定。关于税收抵免，《企业所得税法》及其实施条例作出了基本规定。《企业所得税法》第 23 条规定："企业取得的下列所得已在境外缴纳的所得税税额，可以从其当期应纳税额中抵免，抵免限额为该项所得依照本法规定计算的应纳税额；超过抵免限额的部分，可以在以后五个年度内，用每年度抵免限额抵免当年应抵税额后的余额进行抵补：（1）居民企业来源于中国境外的应税所得；（2）非居民企业在中国境内设立机构、场所，取得发生在中国境外但与该机构、场所有实际联系的应税所得。"根据上述规定，当"走出去"企业取得的境外所得并入其当期应纳税所得额进行纳税申报时，可就取得的境外所得直接缴纳和间接负担的境外企业所得税性质的税额进行抵免。抵免原则包括分国不分项、限额抵免、税收饶让三项。

4. 关联申报和同期资料管理。G20 领导人于 2013 年 9 月发布圣彼得堡峰会公报，决定实施国际税收改革 BEPS 行动计划，并委托经济合作与发展组织(OECD)牵头推进该项工作。包括所有 G20 成员、OECD 国家和 19 个其他国家在内的 62 个国家共同参与了 BEPS 项目。BEPS 行动计划，是指全球反避税行动计划（Base Erosion and Profit Shifting），旨在消除跨国企业的利润转移和避税行为。2015 年 10 月，BEPS 项目的 15 项行动计划成果报告发布，并在 2015 年 11 月举行的 G20 安塔利亚峰会上得到 G20 领导人批准，包括中国在内的不少国家通过修改本国税收法规，来落实 BEPS 行动计划。根据 BEPS 行动计划要求，同期资料和国别报告是增强税企间信息透明度的重要举措，也是各参与国必须达到的四项最低要求之一。为了促进 BEPS 成果在我国的落实，国家税务总局结合多年反避税工作实践，发布《关于完善关联申报和同期资料管理有关事项的公告》（国家税务总局公告 2016 年第 42 号），明确了同期资料和国别报告的相关要求。42 号公告出台后，扩大了企业信息披露范围，需要填报的表式包括《报告企业信息表》《中华人民共和国企业年度关联业务往来汇总表》《关联关系表》《有形资产所有权交易表》《无形资产所有权交易表》《有形资产使用权交易表》《无形资产使用权交易表》《金融资产交易表》《融通资金表》《关联劳务表》《权益性投资表》《成本分摊协议表》《对外支付款项情况表》《境外关联方信息表》《年度关联交易财务状况分析表（报告企业个别报表信息）》《年度关联交易财务状况分析表（报告企业合并报表信息）》《国别报告——所得、税收和业务活动国别分布表》《国别报告——所得、税收和业务活动国别分布表（英文）》《国别报告——跨国企业集团成员实体名单》《国别报告——跨国企业集团成员实体名单（英文）》《国别报告——附加说明表》《国别报告——附加说明表（英文）》。

5. 受控外国企业管理。中国企业在境外投资实践中，大多会选择低税率的中间控股公司间接向投资目的国或地区进行投资，这其中既有优化整体税负的考量，也有信息保密、融资、或上市便利、未来境外进一步扩展便利性等方面的需要。通常来说，国际避税的重要手段之一是在避税地建立子公司，即利用避税地低税或无税的优势和延期纳税规定，将利润长期滞留在避税地公司，不做利润分配或只分配不汇回，从而规避母国的税收。为了防范本国居民企业出现上述避税行为，各国采取了受控外国企业管理措施。我国 2008 年 1 月 1 日起施行的《中华人民共和国企业所得税法》，加入了受控外国管理的相关规定。《企业所得税法》第 45 条规定"由居民企业，或者由居民企业和中国居民控制的设立在实际税负明显低于本法第四条第一款规定税率水平的国家（地区）的企业，并非由于合理的经营需要而对利润不作分配或者减少分配的，上述利润中应归属于该居民企业的部分，应当计入该居民企业的当期收入"。据此，中国居民企业在实际税负明显偏低的国家或地区设立企业（子公司），如果子公司没有向其分配利润，且子公司不做利润分配也没有正当理由，那么中国居民企业必须就其应从子公司按股权比重分到的利润向中国税务机关申报纳税。

二、境外合规方面

"走出去"企业从境外取得所得，需要根据境外相关国家的税收法规和国际税收协定的规定缴纳外国税。鉴于"走出去"企业往往对境外相关国家的税收法规和税收执法环境不熟悉，往往很容易在境外税务合规问题上陷入困境。因此，"走出去"企业要从充分了解东道国税务合规要求开始，在实践中累积经验，最终达到流程化、自动化、标准化的税务合规理想境界。虽然不同东道国的税收法规和执法环境大不相同，但对于"走出去"企业而言，以下几个共性问题是在税务合规方面需要重点关注的。

（1）了解税收管理机构。各国的税务系统机构设置根据国情和法律规定多少存在差异，对于到该国投资的外国企业而言，税务合规的一个基本认知来自对该国税收管理机构体系的了解，也就是说，企业首先得知道自己在东道国的税务管理工作是由哪些机构部门来开展、自己需要对哪些机构部门负责。例如，越南国家税务局和海关是财政部领导下两个负责税款征收的直属机构。越南海关负责进出口税的征收，国家税务局负责国内税收的征收。越南税务系统包括国家税务局、省（直辖市）税务局、郡（县）税务局和税务分局，海关包括海关总局、海关局和海关分局。越南国家税务局没有中央税和地方税之分，税收收入全部由财政预算统一调整。① 再如，美国现行税制体系与联邦制相适应，由联邦、州和地方三级构成。美国联邦税以个人所得税和公司所得税为其主要收入来源，州税以销售使用税为其主要收入来源，地方税则以财产税为其主要收入来源。美国的联邦、

---

① 国家税务总局. 中国居民赴越南社会主义共和国投资税收指南[EB/OL]. (2018-04-23) [2024-09-07]. https://www.yidaiyilu.gov.cn/wcm/files/upload/CMSydylgw/201804/201804280303046.pdf.

州、地方三级政府根据权责进行划分，对税收实行彻底的分税制，即联邦与州分别立法，地方税收由州决定，三级税收分开各自进行征管。税收征管机构为国内收入局与关税署，国内收入局负责联邦国内税征收及国内收入法案的执行，关税署则负责关税征收。

因此，对于中国"走出去"企业而言，在落地东道国之前就应当清楚了解该国的税务立法、执法机构，知道哪些机构有权对企业进行税务执法，以及自己该向哪些机构负责。

（2）税务登记问题。大部分发达国家和部分发展中国家都建立了规范的企业境外投资登记申报制度，采用税务登记号的方式对境外企业投资进行管理。一般而言，税务机关会向所有境外投资企业赋予税务登记编码，企业需要有税务登记编码才能进行纳税申报。对于发展中国家而言，虽然税收制度不如发达国家完善和稳定，但是大部分发展中国家对境外投资企业也有相应的税务登记要求。例如，到柬埔寨投资的境外企业，必须在开展经济活动后的 15 日内到柬埔寨税务局登记注册，当注册完成时，柬埔寨税务局应出具税务登记证，其中包括纳税人身份识别号。[①] 再如，韩国为方便对企业境外投资进行管理，韩国国税厅向所有境外企业赋予税务登记编码，包括投资国家代码、企业类型、投资国家的税务登记证号，企业必须输入税务登记编码才能进行纳税申报。[②]

因此，"走出去"企业要在投资所在地根据当地规定进行税务登记并取得税务登记号，这是最基础的税务合规工作。

（3）纳税申报问题。境外国家的税收征管方式差别巨大，就申报方式而言，有网上申报、自行申报、代理申报等。就申报时间而言，各国的税务机关更是有差异较大的规定。企业应了解当地申报要求，并根据规定及时申报，避免违法违规问题。例如，新加坡从 2020 纳税年度起，所有企业都必须采用电子申报方式，

---

① 国家税务总局. 中国居民赴柬埔寨投资税收指南[EB/OL]. (2021-01-19) [2024-09-07]. https://www.yidaiyilu.gov.cn/wcm.files/upload/CMSydylgw/202101/202101191030010.pdf

② 王坤，赵卫刚. "走出去"企业税务指南[M]. 北京：中国市场出版社，2017.

纳税人在财务年度结束后 3 个月内应向税务机关报送 ECI（提前预缴的所得税金），除非其已申报所得税报表。[1]再如，一些国家的税务管理机关对供应链上的各项环节文档记录要求严格，以支持其相关税种上的税务处理。又如，有一些国家实行年度中间预缴加年底汇算清缴的方式申报所得税，有时候预缴按预期利润缴纳，在这种情况下预报利润要特别慎重，否则年底亏损申请退税将变得相当麻烦。在纳税申报问题中，还有一个需要引起重视的问题，即派遣员工和当地雇员个人所得税问题。如果雇员的当地收入构成东道国的应税所得，就要在当地对其扣缴个人所得税。

（4）税收优惠申请与报备。税收优惠的申请可以说是一把"双刃剑"，"走出去"企业如能充分利用这些政策，可以降低税负，增加竞争力。但是，若滥用税收优惠，或为了税收优惠从事一些虚假交易，那么带来的风险也是不可忽视的。各国出于吸引外资或者贯彻产业政策等目的，会制定各种各样的税收优惠政策，但很多优惠政策只给特定的主体。例如，免税进口设备的优惠一般由当地居民企业享受，而一些重大基础设施项目的税收优惠则只让投标的主体企业享受。有些"走出去"企业在项目前期没有考虑这些因素，导致因主体不合格等原因不能享受这些优惠。有些"走出去"企业在不满足优惠条件的情形下，则采用不实申报来获取税收优惠待遇。然而，这些做法都会造成潜在的风险。同时也有一些减免税优惠会附带有业绩要求，需要向当地政府作出一定承诺并将相关信息公开，有时候企业业务量的下滑或者迁移可能会导致无法兑现承诺，从而面临补税的困境。这种情况下，有些企业为了某项税收优惠的延续而进行一些虚假业务处理，从而带来巨大的税务风险。因此，"走出去"企业想要获得税收优惠，还需要由专业税务经理尽早制定投资决策，同时也要加强对境外投资当地团队的涉税事项管控。

（5）账簿凭证管理。"走出去"企业在境外形成规模后，经常面临的问题是税务申报与会计信息出现很多不一致，这种不一致背后会隐藏各种税务风险。例如，

---

[1] 国家税务总局. 中国居民赴新加坡投资税收指南[OL]. (2020-11-27) [2024-09-07].
https://www.ccpit.org/image/1466402618275311617/64c3746f6104424296dcf7d7aab4145d.pdf

服务记错科目、用错适用税率，关联交易缺乏管理而无人记账、无纳税遵从，进项发票与预提税票没有跟进、大量税务资产流失等。关于税务档案、账簿凭证的管理，"走出去"企业还要应当充分了解东道国的特别规定，切不可以国内的标准或习惯推演至东道国。例如，所有新加坡公司和分支机构都需要按照新加坡财务报告准则保存准确的会计记录，并编制财务报表，且每家公司的年度财务报表均需要进行审计。在新加坡，所有企业必须按照新加坡税务局的要求保存账簿凭证，纳税人要建立账簿凭证保存系统，以确保其所得税和货物和劳务税的申报得到所需文件的适当支持。在马来西亚，不同税种的相关账簿凭证管理则各有不同要求。在越南，要求保存的会计资料必须是正本，若会计资料被扣留或没收，则必须有经过确认的复印件，并附有扣留或没收收据。由上可知，各国对于税务会计及账簿凭证的保管有着较为不同的规定，"走出去"企业务必充分了解，避免受到不必要的处罚。同时，作为一项日常工作，"走出去"企业还需要将其会计记录与相关纳税记录进行定期调节，以确保会计记录正确，发现税务处理的错漏并及时作出处理。另外，税务经理还需要日常性地审核相关的财务报表和审计报告，因为这些报表的使用者主要是各国的政府部门，包括税务机关。税务机关在审核过程中，要关注其涉税信息的披露是否真实准确适当。

（6）滥用税收协定待遇。税收协定方面的合规风险主要有滥用协定待遇的风险。滥用税收协定（treaty shopping）是指非税收协定缔约国的居民通过在税收协定缔约国设立中间公司获取其本不应享有的税收协定中的税收优惠。滥用协定的常见做法是在没有任何商业实质的情况下，单纯或主要以利用某国的协定待遇为目的，并通过该居民企业以利用税收协定取得优惠。这种做法违反相关国家国内法下的反避税规定，应严格避免。另一种滥用协定的做法是拆分持股份额。由于有些国家间的税收协定规定，缔约国一方居民向缔约国另一方居民公司支付股息、利息或特许权使用费享受税收优惠的必要条件是，该公司由同一外国投资者控制的股份不得超过一定比例（如全部股权的25%以上）。外国投资者可能会通过设计控股架构，如把持股公司分成几个公司，使每个公司分别持有的股份都在限额以下，以便能享受到税收优惠。[①] 目前，很多发达国家已采取了相应的反滥用税收协定措施。在反滥用税收协定的斗争中，瑞士起步较早，它于1962年便颁布了一项法规，旨在限制第三国居民通过建立瑞士公司以作为他国公司投资的基地公司而取得的利益。[②]

第三节　企业境外投资税务合规若干建议

中国企业赴境外投资所面临的各种税务问题既复杂又严峻，很多"走出去"企业在税务方面因没有做好相应的准备，而面临这样那样的处罚甚至更大的风险。虽然各个企业"走出去"的具体情况有所不同，各投资东道国的税制也有不小的差异，但以下建议可供中国企业在"走出去"过程中作为税务合规的基础参考。

一、对投资东道国的税制及相关规定进行充分尽职调查

"走出去"企业切忌为了节约费用，以免费获得的财税资信或过期的财税信息作为日常经营过程中的参考。"走出去"企业务必要将专业、权威中介机构的付费专业报告作为财税调研的基础，同时也应积极求助中国驻地使领馆和其他中资企业提供当地税制大环境和税务执法的实际情况。

---

① 梁红星."走出去"国际税收实践[M]. 北京：中国市场出版社，2024.
② 王陆进. 西方国家的反滥用税收协定措施[J]. 1993(5)：18-19.

二、在充分了解东道国税收法律规定及税务执法实务的基础上，严格遵守相关法律规定，做好税务登记和纳税申报工作

"走出去"企业要在投资所在地根据当地规定进行税务登记并取得税务登记号。同时，在充分了解和核实当地纳税申报的具体要求后，扎实地做好相应申报工作。若"走出去"企业在当地还未培养出自己公司内部具有业务能力优秀的财税经理，则应通过外聘专业税务服务机构来做好相应申报工作。

三、充分理解中国与东道国及第三国的税收协定，在不违规滥用税收协定的前提下充分利用税收协定获得相应优惠

"走出去"企业要认真学习和研究双边税收协定的具体专业术语约定，特别是要把握享受双边税收协定优惠待遇的前提条件并关注其时效。对于"走出去"企业而言，在充分利用税收协定的同时，亦不得随意滥用税收协定。例如，在没有任何商业实质的情况下，单纯或主要以利用某国的协定待遇为目的，在某国设立居民企业，并通过该居民企业取得所得，这种做法违反相关国家国内法下的反避税规定，应严格避免。

四、做好外账规范管理工作

外账是"走出去"企业在东道国注册公司时，根据东道国的会计制度、财务规定、税务法规制定的账套，其主要目的是为当地注册会计师做审计报告及在当地税务机关申报纳税、会算清缴或税务稽查所用。"走出去"企业应根据东道国的会计制度、财务制度、税务制度建立规范、完善的外账核算体系，以防止出现报告不实、纳税申报不准等问题，从而避免其在当地税务检查时无法提供牢固的资料基础。

在境外投资税务合规体系搭建方面，一些大型企业的成功经验和做法值得我们参考和借鉴。例如，中国能源建设集团浙江火电（以下简称"浙江火电"）建设有限公司作为中国特大型中央企业的骨干成员企业，积极响应"走出去"号召，拓展境外市场，在印尼、埃及、越南等多个国家注册子公司并通过子公司承接当地工程。在国际税务合规建设方面，浙江火电主要采取了如下措施：1.进行详实周全的前期财税调研，通过中国政府驻外机构获取投资指南、国别税务指南进行初步了解，并与东道国的中国商会和种子企业进行沟通交流，了解公司日常运营需要关注的税务管理问题，同时聘请专业中介机构，提供详细的税务咨询；2.吃透双边税收协定，充分学习了解协定相关内容，在合法合规的框架下降低整体税负；3.选择合理的投资架构，保障公司的可持续经营；4.规范日常财税管理，就税务登记、发票和税票管理、纳税申报、涉税业务管理等问题制定了《税务管理规定》，并聘请实力雄厚、资信优良的会计师事务所作为审计和税务咨询单位，保障了报表数据的公允过和各项税务数据、资料的合规，抑制了税务风险。[①]

总体而言，"走出去"企业为了在境外长期、持续合法合规地经营并管控好税务风险，不仅要充分了解母国和东道国的税法规定，还需要根据企业自身的经营规划，建立和完善一系列适合自身发展且科学的税务风险管理制度和操作办法，以护航企业行稳致远。

---

① 陶朗道，于越. 中国企业国际合规蓝皮书[M]. 北京：中国经济出版社，2024.

第五章

企业境外投资知识产权合规

不同于可以看得见、摸得着的物的所有权，知识产权（Intellectual Property，以下简称 IP）是人们依法获得对特定的智力成果、商誉及其他特定相关客体的权利，这种权利具有极强的专有属性和财产属性。传统的知识产权包括著作权（或称"版权"）、商标权、专利权。随着商业的发展和科学技术的不断进步，知识产权的保护范围也在不断丰富，商业秘密和地理标志、集成电路布局设计和植物新品种等也成为知识产权保护的重要客体。

随着知识产权在国际贸易的重要程度日渐提升，知识产权也逐渐成为企业赢得市场地位的商业武器，是企业创新成果和品牌价值的法律体现，对维护企业的市场竞争力和商业利益发挥着关键作用。在境外市场，知识产权的保护模式和运营方式将会直接影响企业的产品的推广、技术的落地和品牌影响力。企业在进行境外投资前，提前了解知识产权的相关知识、国际通行的知识产权保护、执法惯例，并对目标国家的知识产权法律制度有更为深入的了解，有利于避免重大法律纠纷，建立良好的商业形象，并促进目标市场的开拓与合作。

本章中，笔者将主要介绍境外投资知识产权合规的重要性，并将从境外投资中的知识产权布局工作、风险管控、维权策略、应对外国权力机关的执法措施、侵权诉讼，以及无形资产流失风险等方面进行全面分析，以期帮助企业确保投资活动的顺利进行和长期的回报。

第一节　企业境外投资的知识产权合规重要性

一、预防侵权风险

（一）预防侵犯他人专有权之风险

知识产权的保护，尤其是商标和专利，讲究优先性，遵循先到先得的原则。因此，企业在开展投资前要提前对当地知识产权保护的相关情况、与本企业存在竞争关系或同行业经营者的经营情况进行市场考察。例如，企业拟在境外使用的标识、名称是否已经有他人在同等经营类别上在先使用或登记，涉及生产型企业时如何确保自身产品在当地不侵犯他人权利、如何避免材料采购发生知识产权侵权纠纷等等，可以帮助企业对风险点、自身优势、竞争情况有个基本的认知，更好助力做好企业投资决策计划。

（二）预防被他人侵权的风险

随着产业转型升级，现阶段大部份企业已经走向高质量发展阶段，企业需要做的不仅仅是技术革新，而是生产方式、管理模式、企业文化等各方面的全面转型，其中包括将知识产权合规管理纳入企业日常管理工作中。以技术的升级来说，如果只注重技术的升级而不注重对技术的保护，很快企业就会丧失这一独有的核心竞争力。只有做好知识产权合规工作，确保在法定期间内企业对相关的技术内容拥有绝对的独占使用权，才有可能防止其他经营主体或个人"盗用"企业专有的技术和相关生产信息资源。

二、守住企业的无形资产

（一）实现知识产权无形资产增值

知识产权是企业重要的竞争优势，常见的如商标、字号是企业品牌价值的直观体现，专利和商业秘密亦是企业重要的核心技术。企业做好知识产权合规，不仅可以从法律权利方面达成合规目的，而且可以最大限度挖掘企业的品牌价值。不仅如此，随着知识产权资产化的投资模式日益成熟，未来阶段知识产权的资产估值也将在企业资产中占据重要份额。据标普500数据显示，截至2019年，标普500企业的无形资产在企业整体估值中的占比，已从10年前的37%提升至46%～47%；在无形资产之中，品牌资产已经占到了最大的份额，超过80%。品牌价值的高低不仅是对企业市场营销效果的一个重要参考指标，在企业的兼并收购项目中，品牌的估值高低也日益成为交易双方谈判的焦点。国际的会计准则已经越来越倾向将有形资产和无形资产都明码标价地列入公司总资产中。2024 年，世界品牌实验室发布的"中国 500 最具价值品牌"显示，当年中国入选品牌总价值为38.57 万亿元，比 2023 年增加 4.24 万亿元，增幅为 12.35%。相比 2004 年，入选门槛已从 5 亿元提高到 38.26 亿元，而前 500 名品牌的平均价值高达 771.40 亿元，增幅为 1460.59%。其中虽然不乏有企业坚持自主创新、产品优质、经营模式先进的综合因素，但不可否认"品牌"就是企业自身商业价值的最直观体现。

（二）防止知识产权无形资产流失

加强知识产权风险意识，也是企业守护品牌声誉、维护境外市场份额的重要举措。2023 年，"瑞幸"商标因在泰国遭抢注，瑞幸在泰进行维权反遭巨额诉讼索赔的新闻震惊全国。"瑞幸"商标在泰国被他人抢注后，注册人在同类经营范围对瑞幸的门店和产品、经营模式进行全方位模仿，中国瑞幸在维权诉讼中未能获胜，反遭对方索赔。无论是对于瑞幸还是对于国内消费者来说，这场维权案的败诉有道不尽的遗憾与可惜，法院的判决不仅确认了抢注方"瑞幸"商标注册的合法性，也使得瑞幸丧失泰国地区的经营优势和预期市场收益。无数大小企业的前车之鉴都表明，企业做好知识产权合规及风险防范的重要性和必要性，也可以在企业资产安全、稳定的同时实现增值效益。

三、接轨国际市场之需要

（一）知识产权是重要的市场竞争优势

知识产权作为企业宝贵的无形资产，已成为市场竞争的关键。正如《关于加快推动知识产权服务业高质量发展的意见》中所提出的，知识产权服务业的发展对于"推动知识产权高质量创造、高效益运用、高标准保护、高水平管理"至关重要。企业通过创新获得的专利和商标，不仅可以保护自身的技术优势和品牌标识，而且可以构建难以模仿的市场壁垒。这不仅为企业带来了定价权和消费者信任，还促进了企业在全球化竞争中的"国际化布局"，增强了企业的国际竞争力。注重知识产权是每一个企业"走出"市场，走向国际的应有之意。

（二）知识产权是国家间博弈的高地

知识产权是一国公共政策的产物，是由国家赋予的法定权利，具有极强的地域属性，这种所在国的政府监管、公共政策以及国际地位、国家关系等因素均会影响着企业的自主经营。据中国知识产权研究会、国家境外知识产权纠纷应对指导中心发布的《2022 年中国企业在美知识产权纠纷调查报告》，2022 年，在美纠纷共涉及中国企业 9569 家次，同比增长 75.06%，其中 98.16%的中国企业为被告，中资企业在美遭遇"337 调查"的案件也逐年增加。2024 年，海能达在与摩托罗拉商业秘密纠纷案中遭美国地方法院颁发全球禁售令，且必须遵照美国法院要求在其官网上予以告示，成为各界热议的焦点。为减少和避免成为摩擦的焦点，企业在完成自我创新的同时，也需要通过完善的知识产权合规制度加强自我保护，尽可能减少不必要的纠纷。

（三）应对国家间知识产权制度差异的建议

尽管大部份国家通过签署系列与知识产权保护有关的协定、条约如《与贸易有关的知识产权协议》《世界知识产权组织版权条约》《保护文学和艺术作品伯尔尼公约》以促进国际合作，推动达成各国知识产权保护的一致的最低标准，但各国在制定具体的保护制度时仍会产生较大差异。以商标取得来说，就存在注册取得和使用取得两种，大部份国家均采用注册取得商标专用权。美国、法国等少数国家则是以商标使用作为商标取得的前提条件，商标注册仅是对权利的公示和确认，根据美国《兰哈姆法》，即使申请商标注册，也必须具有真实使用意图并由注册申请人提交真实使用之声明。也即，如果企业想在美国取得商标专用权，必须要在美国实际经营品牌，否则即使商标已获得注册但在有效期限内未实际使用，一旦发生商标侵权纠纷，也难以起诉。与之相反，美国的版权保护虽然也遵循自动取得原则，与中国无异，但不同的是在美国未经版权登记的作品几乎无法提起侵权诉讼，更不能向侵权人主张损害赔偿。因此，对于企业而言，有必要因地制宜采取适当的防范、保护措施，有针对性地开展投资所在地的知识产权合规工作。

第二节　企业如何在境外实现知识产权合规

一、境外投资前的知识产权风险管控

（一）针对目标国家进行知识产权尽职调查

知识产权尽职调查，需要根据企业所在行业、目标国家对知识产权的保护水平开展，尽职调查主要是对目标国家的知识产权登记注册、使用情况进行摸底，防止企业自身知识产权在登记或申请时遭到阻碍或产生诉讼风险。对于大多数企业而言，企业名称和商标尤为重要，企业名称和商标是本地消费者识别企业来源的主要标识，也是走进本地市场的第一印象。目前商标保护原则主要分为两种：使用原则（也称"使用在先"原则）和注册原则（也称"申请在先"原则）。不同国家根据自身的法律体系采取不同的保护原则：美国、英国、加拿大、印度等国家采用使用在先原则，即使商标没有注册，只要能够证明其最先被使用，就可以获得法律保护；采取注册原则的国家，商标权利主要通过注册来确立。注册商标的持有人享有商标的专用权，即使其他人在注册之前已经使用了相同或相似的标识，注册商标持有人也有权要求他们停止使用，或仅能在有限范围内正当使用，如中国、欧盟、日本、韩国等国家和地区。因此，在开展投资或经营之前，需提前检索目标国家的商标注册情况或使用情况，了解与本企业拟采用经营的商标相同或近似的标识，以及该标识使用情况、使用的经营类别、知名度等。此外，企业还可以在专业人员的帮助下进一步了解当地已发生法律效力的知识产权侵权裁判规则，有助于企业进行合理规避。

专利权的地域属性和专业性相较其他知识产权专有权则更为凸显，而专利的检索也比商标更费力，需要专业人员进行检索分析。一般日用品行业常申请的对象是实用新型和外观设计，高新技术行业、材料行业、制造业等则更侧重发明专利，企业可根据自身行业情况及需求，制订更具针对性的检索计划，通过检索、比对分析，排查自身的侵权风险。

总而言之，知识产权尽职调查，目的是使企业顺利开展经营活动，并在目标国家获得相应的知识产权保护，避免发生被侵权或侵犯他人知识产权的情况发生，企业必须将该目标作为尽职调查的首要目的，并围绕此目标开展调查活动，至少在企业自身知识产权在目标国家得到稳定保护前，持续进行调查活动并及时更新调查报告。

（二）针对目标国家进行知识产权市场风险评估

风险评估报告是基于对在先的尽职调查、当地法律法规的收集整理以及企业自身经营需要所进行的综合研判。通过尽职调查，企业可以了解自己在特定领域内的知识产权状况、是否符合法律规定等，结合自身的业务模式、产品或服务特征、市场定位等因素，确定知识产权对其经营的影响，并采取相应的措施评估潜在的侵权风险。

一份完整的知识产权风险评估报告，需要涵盖知识产权内容清单、当地法律审查、风险识别及分析、完善建议等。此外，企业也可以将对市场环境的评估纳入报告内容，使得企业对目标国家的市场行情、市场趋势、竞争对手的知识产权情况及经营情况有更为全面和深入了解，助力更好地规划企业的经营决策。

二、知识产权境外布局与维护

（一）什么是知识产权布局

在工作中，我们经常接到国内厂商的求助，许多国内的品牌制造商在将产品投入境外市场时，既没有品牌意识，也没进行落地前的商标注册申请，就将产品售卖到当地。虽然前期销量可观，但是渐渐地就会出现很多仿冒、假冒产品，甚至被同行、下游经销商和代理商进行了同名商标的抢注，企业最后不但没能守住自身的市场份额，甚至可能会反遭到侵权控告。当侵权行为发展到此地步，原创品牌的维权将会变得十分艰难。

通过知识产权布局，企业可以提前获得独占市场优势，以获取更高的竞争力、知名度及品牌影响力，防御竞争对手的不正当竞争及侵权行为，并提高自身的商业价值，吸引投资者。不断积累的知识产权商业价值可以转化为企业资产，助力企业在并购或融资活动中发挥重要作用。总而言之，知识产权布局，即企业有策略地创造、保护和利用自己的知识产权，以达到商业目标和增强竞争力的过程。

（二）知识产权境外布局策略

常见的知识产权布局包括商标布局、专利布局以及商标和专利、著作权的组合布局，不同行业对知识产权布局会有不同的规划目的。有的企业认为，所谓布局就是把自己的企业标识、品牌在各类别都进行商标注册，这固然可行，但是这种做法需要耗费大量的精力和时间，还要投入大量的资金去维护，并非最优方案。我们认为，在进行布局前，需要对一国的知识产权保护水平、市场潜力和竞争环境有一定了解，以便更好地平衡收益、风险与成本。对于商标的布局，首先企业要确定拟采用的标识、名称，通过前期的风险分析，确定该标识可在目标国家进行使用，[①]符合商标申请的基本要求。其次，企业在自己的经营类别以及近似的经营类别上先进行商标申请注册，有必要或有余力之时再注册更多的近似标识，以达到防御效果。

专利的布局更讲究技巧性，在研发初期或申请专利前，进行专利检索和市场摸底，了解相关技术领域的现有专利和现有技术，避免重复研发和侵权风险。[②]同时，分析竞争对手的专利情况，找出技术空白点和潜在的市场机会。此外，企业

---

① 马德里商标注册查询：https://branddb.wipo.int/en/quicksearch；

商标国际注册状态跟踪：https://www.wipo.int/madrid/monitor/en/；

欧盟商标查询系统：https://eutms.gippc.com.cn。

② PCT 申请查询：https://patentscope.wipo.int/search/en/search.jsf。

要根据自己的商业目标和市场定位，制定专利战略，如决定哪些技术应该申请专利、在哪些国家申请专利、何时公开技术等。不过专利仅能在一段时间内获得独占保护，超过了法定保护期限就会成为公共的财产，因此企业需要慎重选择更符合自身需求的权利。例如，追求推陈出新、创新设计更新迭代快的，可以申请外观设计；想要对某一标识获得长期专有使用的，可以注册商标等。当然，企业也可以选择通过设计周密的保密措施将相关方案和技术作为商业秘密。知识产权的权利类型并不是绝对固定的，部分设计可能会因为长期的使用获得显著性以及较好的商誉，那么该设计也可能会因具有竞争利益而获得竞争法的保护。

三、不同类型的权利取得及申请程序

不同类型的知识产权取得的方式存在区别，不同国家也有不同的取得程序、规则。如前所述，各国之间通过签订国际协议、双边协定等方式以试图削弱知识产权的地域性，如著作权，通常不需要作者进行额外的登记或申请手续即可在伯尔尼成员国获得保护。一般来说企业只需要关注其对外投资的国家是否已经签署《伯尔尼公约》，同时对自身企业的创作成果进行妥善保管，如创作过程、创作手稿或以各种形式保存的资料、与员工达成的权属协议或委托协议等，以避免在发生侵权纠纷时无法证明其是著作权人而失去保护优势。在一些国家，作品是否登记可能会影响著作权人权益保护的实现程度，如在美国，未经登记的作品在遭受侵权时可能无法获得主张法定赔偿和律师费用，并且在某些情况下，可能需要提供更多的证据来证明版权的存在和侵权行为。在可控范围内，企业在境外投资的过程中，更需要关注的是商标和专利的申请注册程序。

（一）国际商标注册

在境外进行商标注册，有两种途径，可以通过中国国家知识产权局递交国际商标注册申请书进行商标国际注册，也可以直接向投资所在国的主管部门递交该国商标注册申请书。单独在投资国进行申请需要依据投资国的商标注册管理规定进行，通过中国进行国际商标注册，相关程序如下：

（1）国内注册：在申请马德里国际商标之前，需先在中国拥有注册商标或至少提交商标申请。

（2）准备申请文件：准备马德里商标注册申请表，包括商标样本、商品或服务类别描述等。

（3）提交申请：将申请文件提交到国家知识产权局，或直接提交给世界知识产权组织（WIPO）。

（4）国内审查：国家知识产权局对申请进行审查，确保其符合国内法律要求。

（5）国际转发：国内审查通过，国内的申请将被转发到 WIPO。

（6）WIPO 审查：WIPO 对申请进行形式审查，确保所有文件齐全并符合规定。

（7）公告/异议期：如果 WIPO 审查通过，商标将在国际注册簿上公告。在此期间，各国可以提出异议。

（8）国家审查：各指定国家根据各自的法律对商标进行实质审查。如果指定国家没有提出异议，商标在该国获得保护。

（9）注册证书：如果所有指定国家均未提出异议，WIPO 将发出国际注册证书。

（10）续展：马德里商标注册有效期为 10 年，可无限期续展。

（11）后续维护：注册后的商标需要定期缴纳维持费，以保持其有效性。

（二）PCT 国际专利申请程序

PCT 专利申请指的是依据《专利合作条约》（Patent Cooperation Treaty, PCT）进行的国际专利申请程序。PCT 为专利申请人提供了一种简便、高效的途径，只要通过单一的国际申请，就可以在多个国家寻求专利保护。以下是 PCT 专利申请的基本步骤：

（1）提出申请：申请人向受理局提交 PCT 国际申请，或要求优先权（在首次专利申请的 12 个月期限内)。

（2）国际检索：自国际申请日起 9 个月或自国际检索单位收到检索本起 3 个月内，国际检索单位出具国际检索报告及书面意见。

（3）国际公布：自国际申请日起 18 个月内，国际局（WIPO）进行专利申请文件的国际公布。

（4）国际初步审查：自国际申请日起 22 个月内，国际初步审查单位出具国际初步审查报告（如申请人主动提出申请并缴纳相关费用）。

（5）进入国家阶段：自国际申请日起的 30 个月（或优先权日起的 31 个月）内，申请人可以选择进入国家阶段，在国家阶段需要完成包括翻译、向申请国家主管部门提交必要的文件和支付费用。

（6）国家审查：各国专利局根据本国法律对 PCT 申请进行审查，并决定是否授予专利权。

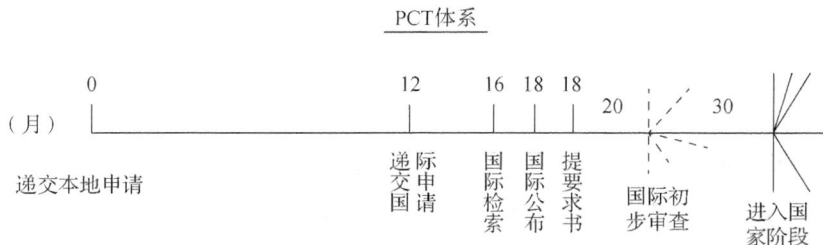

PCT体系

因为地域性的原因，对商标、专利的申请都需要到请求权利保护国进行申请，即使具有马德里国际商标申请和 PCT 专利申请，也需要在通过国际申请后，另将申请书按照拟受申请国家要求的书写方式提交到该国的相关部门，此类国际申请及国家申请都需要有专业人员进行操作。

四、知识产权境外运营阶段的风险识别与应对

（一）如何进行知识产权风险识别

在境外运营阶段，企业的知识产权已经成为法定权利的情况下，则需要重点

关注权利的维持和侵权风险防范，其中侵权风险既有自身侵犯他人风险的可能，也有被侵权的风险。

权利维持如针对商标权，不仅国内商标法有商标的"撤三制度"，美国、日本、加拿大、德国等国家都有此类似规定，即注册商标在一定期限内未被使用，可以被撤销，其目的是鼓励商标的实际使用，避免商标资源的闲置和浪费。不过各国在具体实施上，如使用期限、正当理由的范围、审查标准等，可能会有所区别。这也是前文提到的，不是将商标注册后就可以万事大吉。只要在法定期间内没有使用，就会有被撤销的风险，因此企业在境外注册和使用商标时，需要了解当地的相关规定，合理规划商标的使用和维护方案。关于专利保护期限，各国可能会有不同的规定，如马来西亚对实用新型的保护与中国自申请之日其的十年期限不同。在马来西亚，实用新型满 10 年可以申请续展，续展次数为二次，每次 5 年。因此，只要企业按期申请，马来西亚的实用新型最长就可达 20 年保护期，超过大部份国家的保护水平。

（二）如何防御知识产权相关风险

为避免侵犯他人知识产权，企业应定期进行检索分析、对相关业务的合同、单据和权利证明文件进行审查是企业应当承担的注意义务，在一定程度上可以减轻风险。对于防御他人侵权，尤其是在知识产权保护水平较低的国家，企业在进入这些市场前，需要对目标市场的知识产权保护水平、相关权利的注册情况等进行深入了解，并制定相应的应对策略。例如，加强对当地市场的风险监测能力，在发现侵权线索时，首要是及时保存证据，有条件的情况下可在专业人士的指导和帮助下完成取证工作。我们遇到很多当事人往往会以口述的形式传达侵权事件，在这种情况下律师不仅难以进行侵权判断，也无法指导当事人更有针对性地采取有效措施。只有准确完成前期的取证，专业人员才可以根据相关的事实和材料作出进一步的判断，同时采取有针对性的措施，如发送侵权警告函、在电商网站发起侵权投诉、依法向海关或当地的监管部门申请采取行政措施、发起诉讼索赔等。

还有一种需要预防的情况是，企业为了打开境外市场，也会选择与当地企业进行不同程度的合作。这种跨国合作尤其是在深入合作的情况下，对方可能取得较高的经营自主权，此时双方的合作协议是重要的权利证明文件。通过条款来明确约定已产生或可能获得的知识产权的归属、使用权、转让、许可及保密等条款，并采取相应的保密措施至关重要。

从跨国合作的成功案例到如今对簿公堂的"红牛"中泰商标之争，就是"企业出海"投资的必修课。中国红牛是由泰国天丝集团与中国的华彬集团合作创立的，主要负责在中国市场销售红牛能量饮料。泰国天丝集团提供品牌和配方，中国合作伙伴负责市场推广和分销。这种合作关系持续了多年，红牛也成为中国市场最受欢迎的能量饮料品牌之一。2016年合同到期后，天丝集团"收回"了红牛商标在中国的经营权，但华彬集团不仅对此不认可，还出示了"50年协议书"，双方矛盾逐步激化，双方就此商标纠纷及合作协议在多地法院进行了诉讼。虽然目前案件尚未有最终定论，但因为这场纷争，"红牛"品牌的市场经营也遭到了重创。

第三节 发生涉外知识产权纠纷时的解决方案

一、知识产权合作协议的风险防控与纠纷解决

（一）知识产权合作协议合规审查要点

在之前我们也提到，企业通过与投资国的商业主体进行合作时，合作协议就是双方经营稳定的安全保障。因此，在合同签订之前对合同的条款进行专业全面地审查，并对可预见的风险通过合同条款进行约定，尽可能使风险在可控范围内。一方面，要保障知识产权能够在企业经营中平稳运营并实现无形资产增值，同时也要对知识产权的权属、使用权、保护措施等做好全面、明确和稳定的规划，包括但不限于：

（1）明确知识产权归属：合同应明确指出哪些知识产权归企业所有，哪些权利属于合作相对方，以及合作过程中产生的知识产权如何约定归属等。

（2）规范知识产权的使用：合同应详细约定各方对知识产权的使用权限，包括使用范围、使用方式和使用限制，以防止权利被滥用或产生侵权可能。

（3）加强对涉密条款的规定：合同应包含保密条款，对涉密的内容、可接触人员、保密措施和违约责任等条款进行明确，确保知识产权得到有效保护。

（4）灵活处理知识产权的权利变动：合同应设有灵活的条款，以适应知识产权的转让、许可或共享等情况，确保在市场变化或业务需求调整时，知识产权的利用和管理仍能够顺利进行。

（5）知识产权的持续管理：合同中应包含关于知识产权的持续管理条款，包括定期评估、维护和更新知识产权的约定，以确保其长期价值和有效性。

（二）知识产权合作协议纠纷解决

知识产权协议的纠纷解决是一个复杂且漫长的过程，涉及多方面因素的考量，必须评估纠纷事项对品牌形象和市场声誉的影响，避免给企业经营带来负面影响。友好协商或是最为快速、损害最低的解决方式，既节省成本又能维护合作关系。如果协商无效，则可以考虑由中立第三方协助达成和解。在考虑诉讼之前，应仔细评估胜诉的可能性，包括对知识产权的法律保护范围、证据的掌握程度以及法律依据的充分性和当地司法环境进行综合考量。此外，纠纷解决的成本和收益也是决策的重要因素，包括法律费用、时间成本和潜在的经济赔偿等。

只有加强对知识产权合同的合规审查，引进成熟的纠纷解决机制，确保企业知识产权布局和运营战略得到有效实施，企业的稳健发展才能获得更强有力的法律保障。同时，企业不仅需要密切关注行业动态，还要了解当地的营商政策、法律法规的变化和市场环境的发展，不断优化知识产权的管理与合作模式，以适应不断变化的商业环境和法律要求。

二、知识产权侵权纠纷的应对策略

（一）知识产权境外维权应对

为了有效进行境外知识产权维权，企业前期首先需要深入了解并遵守目标国家的知识产权法律，确保自身的知识产权在当地得到合法登记注册和保护。同时，企业应建立起一套内部知识产权管理机制，包括记录、监控和保护措施、保密协议和非竞争协议等，以防止知识产权的泄露和侵权。

在监控市场上，需要时刻警惕潜在的侵权行为，一旦发现，就应迅速采取行动。随着出海业务的不断繁荣，中国的涉外法律服务也逐步与国际接轨，并走向成熟，许多境外业务已经可以通过在国内委托中国律师即可开展，大大降低企业的维权成本。通过选择与经验丰富的知识产权律师合作，有助于企业能快速、精准地利用法律手段进行维权。此外，企业还可以利用国际合作机制，如根据《区域全面经济伙伴关系协定》，该协定成员国已达成统一的边境措施条款，通过公开透明和简化的程序，保证一国的货物可以在另一成员国顺利流通，并对涉嫌侵权货物的及时处置。

面对境外知识产权纠纷，企业应建立快速响应机制并采取合适的应对措施，如和解、申诉、及时提起仲裁或诉讼等。同时，还可以通过我国政府资源寻求专业服务支持，如通过境外知识产权纠纷应对指导中心[1]来获取相应的支持和指导，提升企业应对境外知识产权纠纷的能力。此外，积极在当地海关进行备案申报工作也是防止侵权产品进出口的有效手段。通过这些综合性措施，企业可以更有效地在境外市场保护自身的知识产权，促进企业的国际化发展和竞争力提升。

（二）被投诉或起诉时的应对策略

常见的针对措施包括发送侵权警告函、平台投诉、法院起诉等，同时伴随还

---

[1] 国家境外知识产权纠纷应对指导中心：http://www.worldipguidance.cn。

有相关账户的冻结。面对投资所在国的投诉、行政执法和侵权诉讼时，中国企业应改变以往的回避式处理方式，综合考量包括但不限于当地市场对企业的重要程度、是否存在侵权的可能性、应诉的承受能力、衡量不应诉的后果等因素，采取更有利的应对措施。如果企业选择回避，可能就会被认定为是缺席被告，进而被当地执法机构、司法机构采取排除令、禁止令等限制措施，影响其市场准入。例如，早期美国 337 调查的大部份是中小企业，这些企业本身利润微薄，也不熟悉国际规则，经常选择不应诉，如此则导致美国国际贸易委员会做出"缺席判决"。现在，随着出海企业风险意识的提高，相比不应诉的"缺席判决"，从当前数据来看，选择应诉的结果或更为有利。

在处理企业境外投资中遭遇的知识产权维权纠纷时，企业应采取系统化和策略化的应对措施，确保其合法权利得到妥善维护。具体步骤如下：

（1）初步评估与阶段界定，确认投诉性质：首先，企业需明确其所处阶段是初步的侵权警告函、电商平台投诉通知，还是已进入正式的法院诉讼阶段。不同阶段有不同的应对措施，也对后续行动路径的选择至关重要。

（2）内部审查与事实核查：企业一方面要进行内部自查，确保对自身经营内容的合法性有清晰认识；另一方面，核实对方权利是否有效或存在无效可能，通过合法渠道验证投诉方的知识产权有效性，包括专利、商标或版权的注册状态及其覆盖范围。

（3）专业人员介入：聘请具有国际知识产权经验的专业人员和律师，针对具体情况制定应对策略。

若仍在非正式投诉阶段，企业应基于自查结果，采取相应的回应措施：若确认无侵权行为，则准备详实的申诉材料进行反驳；若发现潜在侵权，则可考虑通过和解谈判降低赔偿金额，或采取整改措施以符合法规要求。

若进入诉讼阶段，企业则需更加严谨地准备应诉材料，包括但不限于证据收集、知识产权的比对分析，同时可结合无效宣告申请等组合手段给对方施压。当然，具体应采取何种措施还需要评估案件情况后方可确定。最后仍要综合考量企业的维权成本、涉诉金额、国际市场影响以及长期业务战略等因素，确保所选方案最有利于企业整体利益。

　　然而，不同规模、不同业务类型的企业在知识产权合规上的侧重点和工作安排也会有很大不同，并没有一套模式化的工作范式，这也给企业境外投资增加了难度和风险，并且知识产权合规本身就是一项极具前瞻性和专业性的工作，专业能力越强、经验越丰富的专业团队能为企业制定更为全面的知识产权合规制度，以实现更平稳的投资落地和更高的资产增值效益。因此，企业在开展相关工作时，有必要寻求专业人员的及时介入和深度参与，对于专业人员的选择，可通过查阅其承办的成功案例、专业方向（是否涵盖专利、商标和著作权的专业成员）、团队成员配备和境外资源、涉外工作经历、执业年限、业务覆盖的综合程度等方面进行选择。

第六章

企业境外投资数据合规

随着全球各国对数据合规的重视程度提高，不少国家针对数据领域进行专门立法。在中国企业实现全球化发展的背景下，数据合规已成为企业核心竞争力之一。结合我们为企业提供数据合规服务的实践，国内外头部企业纷纷将数据安全与合规能力纳入供应商准入标准之一，在部分项目之中，数据安全与合规能力可能成为"一票否决事项"。

在此背景之下，企业开展数据合规工作，既可满足现行监管要求，也可提升企业的市场竞争力，可谓一举两得。因此，下文我们将介绍企业出海主要面临的数据合规场景。

第一节　数据出境合规

（一）我国数据跨境监管要求与合规思路

1. 数据出境监管要求

近三年，随着《数据出境安全评估办法》《个人信息出境标准合同办法》《个人信息保护认证实施规则》等配套性文件的相继出台，由数据出境申报评估、个人信息出境标准合同备案（以下简称"SCC 备案"）及个人信息跨境处理活动安全认证组成的数据出境三大合规路径已初步形成。

在上述数据出境监管文件实施一段时间后，国家互联网信息办公室（以下简称"国家网信办"）结合上述文件的落地情况，发布《促进和规范数据跨境流动规定》，适当放宽数据跨境流动条件，在保障国家数据安全的前提下，便利数据跨境流动，降低企业合规成本。

目前，我国现行数据出境监管政策文件具体如表6-1：

表 6-1 数据出境监管政策性文件

序号	文件名	发文机关	实施日期
1	《中华人民共和国个人信息保护法》（以下简称"《个人信息保护法》"）	全国人大常委会	2021 年 11 月 01 日
2	《数据出境安全评估办法》	国家互联网信息办公室	2022 年 09 月 01 日
3	《个人信息保护认证实施规则》	国家互联网信息办公室	2022 年 11 月 18 日
4	《个人信息出境标准合同办法》	国家互联网信息办公室	2023 年 06 月 01 日
5	《网络安全标准实践指南 个人信息跨境处理活动安全认证规范V2.0》（以下简称"《个人信息跨境认证规范V2.0》"）	全国信息安全标准化技术委员会秘书处	2022 年 12 月 16 日
6	《促进和规范数据跨境流动规定》	国家互联网信息办公室	2024 年 03 月 22 日
7	《数据出境安全评估申报指南（第二版）》	国家互联网信息办公室	2024 年 03 月 22 日
8	《个人信息出境标准合同备案指南（第二版）》	国家互联网信息办公室	2024 年 03 月 22 日

表格来源：作者绘制。

除此之外，在特定领域，行业主管部门可能对于该行业内的数据出境行为特别监管。例如，涉人类遗传资源信息向外国组织、个人及其设立或者实际控制的机构提供或者开放使用的，应遵循《中华人民共和国人类遗传资源管理条例》，向国务院卫生健康主管部门事先报告并提交信息备份；根据自然资源部《关于促进智能网联汽车发展维护测绘地理信息安全的通知》，在车联网场景下，对于外商投资企业而言，涉及相关空间坐标、影像、点云及其属性信息等业务及提供地理信息服务的，应由具有测绘资质单位承担收集、存储、传输和处理。[1]

---

[1] 结合《自然资源部关于促进智能网联汽车发展维护测绘地理信息安全的通知》规定，在智能车联网场景之下，其对测绘信息提出更严格限制，其仅可由中资有资质的单位完成处理活动。

综上，在数据出境实务中，企业需要综合考虑数据出境的一般性监管要求与细分领域特别监管要求。

2. 数据出境合规思路

基于我国关于数据出境的监管要求，结合我们此前的项目实践经验，将数据出境合规步骤总结如下：

第一步：识别数据出境行为。企业应对内部数据处理情况进行调研与盘点，并结合实际情况，识别所涉的数据出境行为。

第二步：明确合规路径。结合数据类型、规模、敏感程度，企业自身属性等，判断判断企业应采取何种合规路径，是否涉及细分领域的特别监管要求。

第三步：落实合规义务。综合具体合规路径的合规要求，及细分领域的特别监管要求，落实相应合规义务。

下文我们将结合上述思路与步骤，逐一分析每一环节的注意事项。

（二）识别数据出境行为

1. 数据出境行为的定义

现行法律关于数据出境行为的最新定义见于《数据出境安全评估申报指南（第二版）》第一条："以下情形属于数据出境行为：（一）数据处理者将在境内运营中收集和产生的数据传输至境外；（二）数据处理者收集和产生的数据存储在境内，境外的机构、组织或者个人可以查询、调取、下载、导出；（三）符合《个人信息保护法》第三条第二款情形，在境外处理境内自然人个人信息等其他数据处理活动。"

上述数据出境行为可概括如图 6-1：

		向境外传输数据	跨境旅游场景：境内用户通过某境内旅游平台预定海外酒店，为向该用户提供服务所必须，该旅游平台需将用户入住信息跨境传输至海外酒店
数据出境行为		跨境访问	国外IOT设备提供商向国内消费者销售运动手表，该运动手表会收集用户的心率等情况，形成分析运动健康报告，即为典型的为境内自然人提供产品或服务目的
	个人信息保护法的域外适用	向境内自然人提供产品或者服务为目的	国外IOT设备提供商向国内消费者销售运动手表，该运动手表会收集用户的心率等情况，形成分析运动健康报告，即为典型的为境内自然人提供产品或服务目的
		分析、评估境内自然人的行为	法国咨询公司为了协助国内商场进行人流分析测试，通过WiFi探针技术追踪分析自然人的行动轨迹、流动数据等，该情形即为典型的分析、评估境内自然人的行为

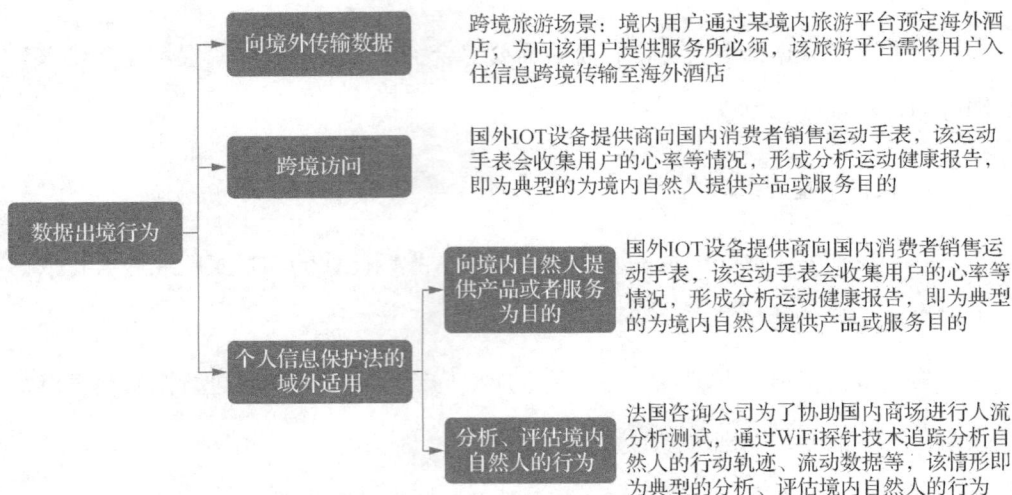

图6-1　数据出境行为分类

为了便于企业进一步理解"数据出境行为"的概念，下文我们进一步解释几个关键概念。

①"境外"的含义。在了解何为"境"及"境外"之前，我们可能需要了解数据出境监管原因，其核心关注点在于在中国境内收集的数据，包括传输至境外地区、该境外地区对数据的保护程度、可能对相关数据主体权益有所减损等。

在此基础上，我们可以理解，此处的"境外"指其他司法辖区，其与《中华人民共和国出境入境管理法》第八十九中对"出境"进行定义一致，即"出境，是指由中国内地前往其他国家或者地区，由中国内地前往香港特别行政区、澳门特别行政区，由中国大陆前往台湾地区"。

②"数据处理者将在境内运营中收集和产生的数据传输至境外"之中"境内运营"的含义。关于何为"境内运营"，"境内运营"不以该实体是否在境内注册登记为判断依据，即使该实体在我国未注册经营运营主体，但在我国境内开展业务，如通过互联网，或通过参与展会等方式开展营销活动或向我国境内提供商品或服务，也属于境内运营。

③ "以向境内自然人提供产品或者服务为目的"的判断标准。实践中判断是否以向境内自然人提供产品或者服务为目的，可以参考的维度包括：产品和服务的过程中是否使用中文，是否可以用人民币作为结算货币的选项，是否向中国境内提供配送物流服务，是否特意针对中国客户进行推广营销（如在中国投放广告、开设展台推广等）等。

2. 典型的数据出境场景

结合实际场景，我们将典型的数据出境场景总结为下表（表 6-2），可供企业快速识别业务场景中可能的数据出境行为：

表 6-2　典型数据场景

序号	场景分类	典型场景	涉及的数据种类
1	内部管理	基于跨国集团内部统一管理，而使用统一的 HRM 系统、CRM 系统、OA 系统、网盘等引发的数据跨境传输或跨境访问行为	员工个人信息、合作伙伴信息、财务数据、项目管理数据等
2	业务场景	跨国企业基于市场研究、产品研发、研发测试需跨境传输或访问相关数据	产业分析数据、研发设计数据、测试数据等
		基于向用户提供产品或服务而产生的跨境传输，如跨境电商、境外出游、跨境快递等	用户个人信息
		跨国集团提供全球统一售后服务、产品投诉而引发的相关信息跨境传输	售后服务或投诉信息

（三）判断针对现有数据出境行为，企业应采取何种合规路径

综合现行数据出境监管政策，我们总结了数据出境监管要求，综合了合规路径选择方式，具体如图 6-2 所示：

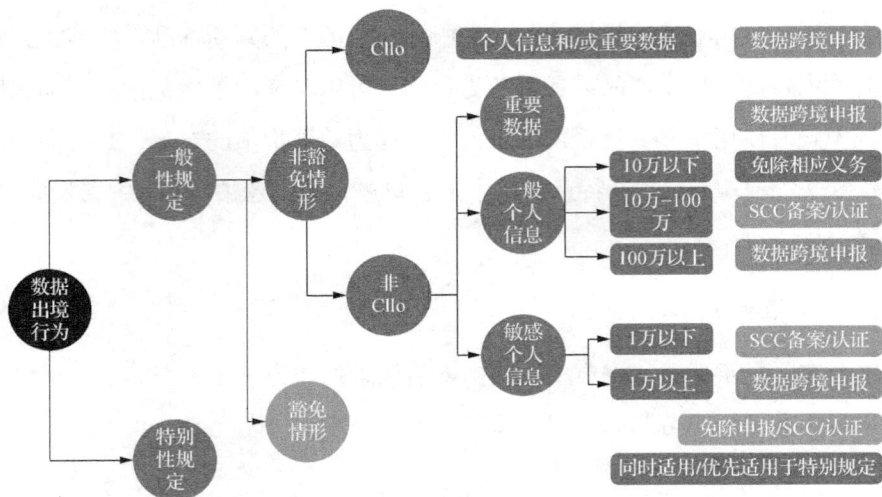

图6-2　数据出境合规路径选择

为厘清数据出境合规路径选择方式，我们需明确如下几个问题：

1. 数据出境豁免情形有哪些

《促进和规范数据跨境流动规定》第三到六条列明了四种数据出境的豁免情形，可归纳为如下几类：

（1）声明型豁免。

《促进和规范数据跨境流动规定》第三条[1]为声明性条款，即无该条规定，此类场景下的数据出境行为无需申报数据出境安全评估、订立个人信息出境标准合同或通过个人信息保护认证。

（2）数据过境。

《促进和规范数据跨境流动规定》第四条[2]明确了"数据过境行为"落入豁免

---

[1] 《促进和规范数据跨境流动规定》第三条，"国际贸易、跨境运输、学术合作、跨国生产制造和市场营销等活动中收集和产生的数据向境外提供，不包含个人信息或者重要数据的，免予申报数据出境安全评估、订立个人信息出境标准合同、通过个人信息保护认证"。

[2] 《促进和规范数据跨境流动规定》第四条，数据处理者在境外收集和产生的个人信息传输至境内处理后向境外提供，处理过程中没有引入境内个人信息或者重要数据的，免予申报数据出境安全评估、订立个人信息出境标准合同、通过个人信息保护认证。

情形范畴。为便于理解何为"数据过境"，我们将结合以下实例说明：一家总部位于墨西哥的跨境电商公司 A，为提高网络传输速度，其在中国境内部署了服务器节点，并采购了 CDN 加速器，其面向东南亚市场所收集的东南亚用户个人信息经由中国境内服务器传输至墨西哥。其中，东南用户个人信息经由中国境内服务器传输至墨西哥的行为即为"数据过境"，该行为落入豁免范畴。

（3）与个人信息出境相关的豁免情形。

《促进和规范数据跨境流动规定》第五条①明确几种跨境提供个人信息跨境传输行为情形，也是该《促进和规范数据跨境流动规定》之中非澄清性的、实质性的豁免行为，这些豁免情形减轻了跨国企业、出海企业在日常经营管理之中，典型的低敏感数据出境行为，具体如图 6-3 所示。

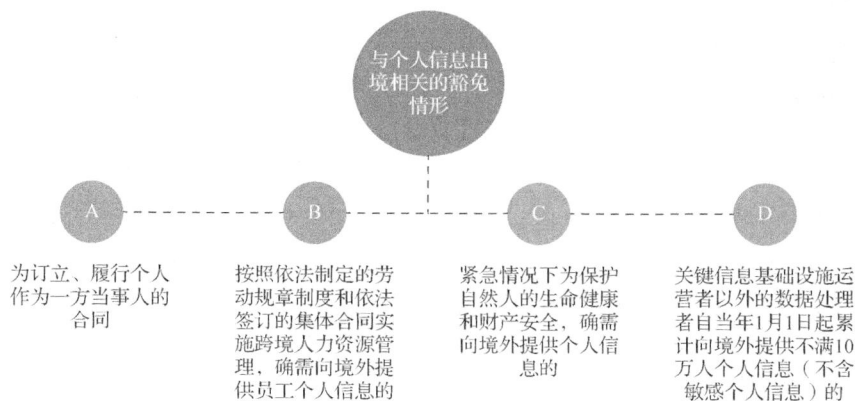

图6-3 与个人信息出境相关的豁免情形

---

① 《促进和规范数据跨境流动规定》第五条，数据处理者向境外提供个人信息，符合下列条件之一的，免予申报数据出境安全评估、订立个人信息出境标准合同、通过个人信息保护认证：

（一）为订立、履行个人作为一方当事人的合同，如跨境购物、跨境寄递、跨境汇款、跨境支付、跨境开户、机票酒店预订、签证办理、考试服务等，确需向境外提供个人信息的；

（二）按照依法制定的劳动规章制度和依法签订的集体合同实施跨境人力资源管理，确需向境外提供员工个人信息的；

（三）紧急情况下为保护自然人的生命健康和财产安全，确需向境外提供个人信息的；

（四）关键信息基础设施运营者以外的数据处理者自当年 1 月 1 日起累计向境外提供不满 10 万人个人信息（不含敏感个人信息）的。

（4）自贸区负面清单。

根据《促进和规范数据跨境流动规定》第六条[①]，目前各自贸试验区正在探索数据出境清单，前文也提及，对当前天津自贸试验区于 2024 年 5 月 8 日出台《中国（天津）自由贸易试验区数据出境管理清单（负面清单）（2024 版）》，中国（上海）自由贸易试验区临港新片区对外公布三个领域（智能网联汽车、公募基金、生物医药）的数据跨境场景化一般数据清单及清单配套操作指南，后期建议企业持续关注各自贸试验区动态。

2. 关键信息基础设施的定义与认定方法

根据《关键信息基础设施安全保护条例》第二条，关键信息基础设施，是指公共通信和信息服务、能源、交通、水利、金融、公共服务、电子政务、国防科技工业等重要行业和领域的，以及其他一旦遭到破坏、丧失功能或者数据泄露，就可能严重危害国家安全、国计民生、公共利益的重要网络设施、信息系统等。

综合《关键信息基础设施安全保护条例》第八条至第十一条，涉及重要行业和领域的主管部门、监督管理部门负责制定本行业、本领域关键信息基础设施认定规则，组织认定本行业、本领域的关键信息基础设施，及时将认定结果通知关键信息基础设施运营者。

3. 个人信息的定义

根据《个人信息保护法》第四条，个人信息是以电子或者其他方式记录的与

---

① 《促进和规范数据跨境流动规定》第六条，自由贸易试验区在国家数据分类分级保护制度框架下，可以自行制定区内需要纳入数据出境安全评估、个人信息出境标准合同、个人信息保护认证管理范围的数据清单（以下简称负面清单），经省级网络安全和信息化委员会批准后，报国家网信部门、国家数据管理部门备案。自由贸易试验区内数据处理者向境外提供负面清单外的数据，可以免予申报数据出境安全评估、订立个人信息出境标准合同、通过个人信息保护认证。

已识别或者可识别的自然人有关的各种信息，不包括匿名化处理后的信息。

常见个人信息可参见 GB/T 35273-2020《信息安全技术—个人信息安全规范》（以下简称"《个人信息安全规范》"）附录 A，如表 6-3。

表 6-3　个人信息安全规范附录 A

个人基本资料	个人姓名、生日、性别、民族、国籍、家庭关系、住址、个人电话号码、电子邮件地址等
个人身份信息	身份证、军官证、护照、驾驶证、工作证、出入证、社保卡、居住证等
个人生物识别信息	个人基因、指纹、声纹、掌纹、耳廓、虹膜、面部识别特征等
网络身份标识信息	个人信息主体账号、IP地址、个人数字证书等
个人健康生理信息	个人因生病医治等产生的相关记录，如病症、住院志、医嘱单、检验报告、手术及麻醉记录、护理记录、用药记录、药物食物过敏信息、生育信息、以往病史、诊治情况、家族病史、现病史、传染病史等，以及与个人身体健康状况相关的信息，如体重、身高、肺活量等
个人教育工作信息	个人职业、职位、工作单位、学历、学位、教育经历、工作经历、培训记录、成绩单等
个人财产信息	银行账户、鉴别信息（口令）、存款信息（包括资金数量、支付收款记录的等）、房产信息、信贷记录、征信信息、交易和消费记录、流水记录等，以及虚拟货币、虚拟交易、游戏类兑换码等虚拟财产信息
个人通信信息	通信记录和内容、短信、彩信、电子邮件，以及描述个人通信的数据（通常称为元数据）等
联系人信息	通信录、好友列表、群列表、电子邮件地址列表等
个人上网记录	指通过日志存储的个人信息主体操作记录，包括网站浏览记录、软件使用记录、点击记录、收藏列表等
个人常用设备信息	指包括硬件序列号、设备MAC地址、软件列表、唯一设备识别码（如IMEI/Android ID/IDFA/OpenUDID/GUID/SIM卡IMSI信息等）等在内的描述个人常用设备基本情况的信息
个人位置信息	包括行踪轨迹、精准定位信息、住宿信息、经纬度等
其他信息	婚史、宗教信仰、性取向、未公开的违法犯罪记录等

资料来源：《个人信息安全规范》

4. 敏感个人信息的识别与认定

敏感个人信息是一旦泄露或者非法使用，就容易导致自然人的人格尊严受到侵害或者人身、财产安全受到危害的个人信息，包括生物识别、宗教信仰、特定身份、医疗健康、金融账户、行踪轨迹等信息，以及不满十四周岁未成年人的个人信息。

关于敏感个人信息的识别，可参考《个人信息安全规范》附录 B、《信息安全技术　敏感个人信息处理安全要求》（征求意见稿）、《网络安全标准实践指南——敏感个人信息识别指南（征求意见稿）》进一步识别与判定。

5. 重要数据的识别与认定

《促进和规范数据跨境流动规定》第二条[①]明确规定，重要数据以相关部门、地区告知或者公开发布为准。

当前，关于重要数据的一般性识别标准参见 GB/T 43697-2024《数据安全技术数据分类分级规则》附录 G 重要数据识别指南。除此之外，部分行业已陆续出台重要数据识别要求。例如，《自然资源领域数据安全管理办法》第 10 条明确自然资源领域重要数据的参考指标；《汽车数据安全管理若干规定（试行）》第三条明确汽车行业六类重要数据类型。

6. "出境人次"的判断方式

根据《促进和规范数据跨境流动规定》答记者问第 11 问[②]，企业实践中计算计算"出境人次"时应关注：

（1）起算时间起止点：当年 1 月 1 日至申报数据出境安全评估之日；

（2）需去重计算：数量以"人次"计，为同一自然人的合并统计；

（3）除因人次未达而引发（即《促进和规范数据跨境流动规定》第五条第四项的豁免情形外，其余所涉的"人次"不计入总数。

（四）各合规路径下应履行的合规义务

1. 豁免情形下仍需履行的合规义务

鉴于《促进和规范数据跨境流动规定》之中，相关实质性的豁免行为主要为《促进和规范数据跨境流动规定》第五条所载的跨境提供个人信息的行为。

针对跨境提供个人信息行为，如其落入豁免情形，综合《中华人民共和国个

---

① 《促进和规范数据跨境流动规定》重要数据的数据处理者应当按照相关规定识别、申报重要数据。未被相关部门、地区告知或者公开发布为重要数据的，数据处理者不需要作为重要数据申报数据出境安全评估。

② 《促进和规范数据跨境流动规定》答记者问第 11 问，计算周期为自当年 1 月 1 日起至申报数据出境安全评估之日，数量以自然人为单位去重后的统计结果为准。属于《规定》第三条、第四条、第五条第一款第一项至第三项、第六条规定情形的，不计入累计数量。

人信息保护法》第 39 条[①]、55 条[②]，企业仍需履行的合规义务包括：一是针对数据数据跨境场景落实告知同意义务；二是针对个人信息跨境传输行为，实施个人信息保护影响评估，并论证其落入豁免情形；三是与境外接收方签署《个人信息出境标准合同》。

2. 数据出境安全评估

若涉及数据出境安全评估，则可按照《数据出境安全评估申报指南（第二版）》进行数据出境安全申报，其大致流程如图 6-4 所示。

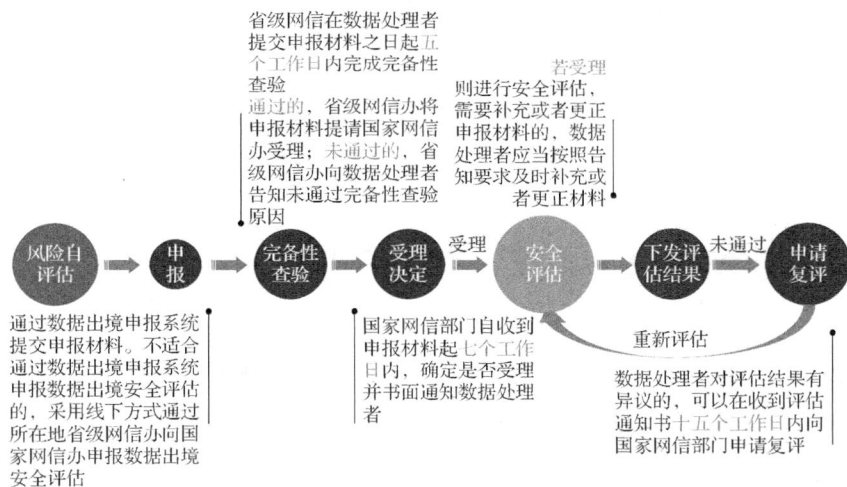

图 6-4　数据出境安全评估申报流程

---

① 《中华人民共和国个人信息保护法》第三十九条，个人信息处理者向中华人民共和国境外提供个人信息的，应当向个人告知境外接收方的名称或者姓名、联系方式、处理目的、处理方式、个人信息的种类以及个人向境外接收方行使本法规定权利的方式和程序等事项，并取得个人的单独同意。

② 《中华人民共和国个人信息保护法》第五十五条，有下列情形之一的，个人信息处理者应当事前进行个人信息保护影响评估，并对处理情况进行记录：
（一）处理敏感个人信息；
（二）利用个人信息进行自动化决策；
（三）委托处理个人信息、向其他个人信息处理者提供个人信息、公开个人信息；
（四）向境外提供个人信息；
（五）其他对个人权益有重大影响的个人信息处理活动。

3. SCC 备案

若涉 SCC 备案，则可按照《个人信息出境标准合同备案指南（第二版）》进行个 SCC 备案，其大致流程如图 6-5 所示。

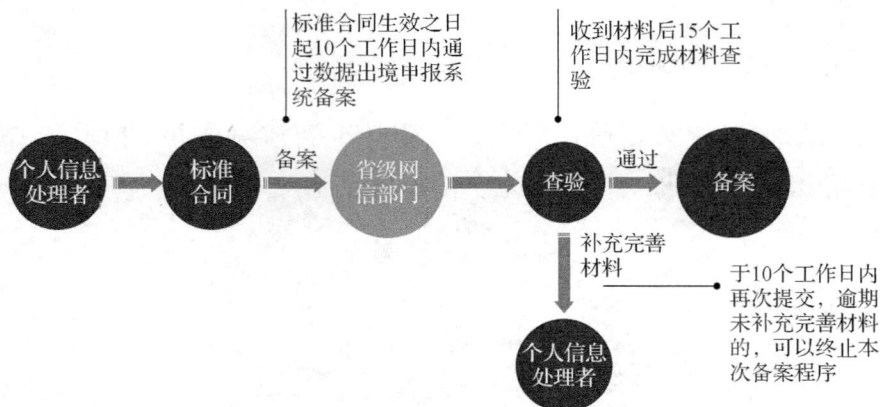

图 6-5　SCC 备案流程

4. 个人信息跨境处理活动安全认证

该认证的发证机构为中国网络安全审查认证和市场监管大数据中心(以下简称"CCRC")。根据 CCRC 官网报道[①]，2023 年 12 月 15 日，中国网络安全审查技术与认证中心向珠海澳科大科技研究院、支付宝（中国）网络技术有限公司、北京华品博睿网络技术有限公司、京东科技信息技术有限公司等 5 家企业可以颁发我国首批个人信息保护认证证书，其具体适用情形与认证要求可参照《个人信息跨境认证规范 V2.0》。实践中，我们建议在跨国公司集团内频繁的、日常的事务管理和业务往来，可以考虑采取安全认证。

---

① 中国网络安全审查技术与认证中心 5 家企业获颁首批个人信息保护认证证书[EB/OL].
(2023-12-25)[2024-06-21]. https://www.isccc.gov.cn/xwdt/tpxw/12/ 909546.shtml.

第二节　境外数据合规

（一）数据合规成为境外投资重要考量因素

传统企业境外投资合规要点，主要集中在外资准入、劳工、财税、外汇、海关、知识产权以及环境保护方面。随着数字经济的发展，数据成为重要生产要素，数据的全球性流动引发了各国政府对于国家安全、社会秩序以及个人隐私保护的担忧，纷纷加强了相关监管，所以，数据合规成为企业出海的新合规要点。出海企业未能满足境外数据合规要求，不仅涉及行政处罚的风险，还关系到企业的商业竞争能力。以下笔者从降低风险成本、提升商业竞争能力两个方面详细阐述。

1. 降低风险成本

随着全球数据保护意识的增强，各国/地区纷纷出台严格的数据保护法规，如欧盟的《通用数据保护条例》（GDPR）以及美国的《加州消费者隐私法案》（CPRA）等，该等法规不仅规范了数据处理的合法性要求，也设置了针对违法行为的严格处罚措施。例如，在 GDPR 项下，企业最高将受到 200 万欧元的行政罚款，或者上一财政年度全球年营业额的 4%，以两者中最高的为准。

以 TikTok 为例，美国联邦贸易委员会（FTC）对 TikTok 违反美国《儿童在线隐私保护法》（COPPA）的行为处以 570 万美元罚款[①]，英国监管机构对 TikTok "未合法使用儿童数据" 的行为罚款 1,270 万英镑[②]。可见，未遵守境外数据合规要求，会极大增加企业的风险成本。

---

① 北京商报. 非法搜集儿童隐私 抖音境外版在美被罚 570 万美元！[EB/OL]. (2019-02-28) [2024-07-04]. https://finance.sina.cn/chanjing/gsxw/2019-02-28/detail-ihrfqzkc0037149.d.html? cre=wappage&mod=r&loc=3&r=9&rfunc=78&tj=none&cref=cj&wm=.

② 美国之音. TikTok 滥用低龄儿童用户数据，英国监管机构开出巨款罚款 [EB/OL]. (2023-04-04)[2024-07-04]. https://www.voachinese.com/a/uk-watchdog-fines-tiktok-16-mln-for-misusing-children-s-data-20230404/7035360.html.

2. 提升商业竞争能力

根据我们的境外数据合规实务经验，欧盟客户陆续对中国出海企业的网络安全能力以及隐私保护能力提出质疑，要求中国境外投资企业提供满足 GDPR 要求的合规性证明，否则他们将终止商务合作。由此可见公司业务发展急需出海企业境外数据合规能力的背书，包括获得市场准入和业务合作机会以及增强用户信任度，提升企业市场份额和收益能力。

（二）境外数据合规两步走

在建立"数据合规成为出海重要考量因素"意识之后，出海企业如何判断其行为是否会触发"适用"目标国家/区域的数据合规要求，以及通常需要考虑哪些合规维度？我们将该等内容总结为"境外数据合规两步走"。

随着互联网的快速发展，数据流动和跨境处理已成为常态。传统的地域管辖原则已无法满足对数据活动的有效监管，因此，境外管辖效力应运而生。数据合规领域的"境外管辖效力"是指，一个国家的法律在特定情况下对位于其国境之外的数据处理者以及数据处理活动具有管辖和规范的权力。这种效力超越了传统的地域限制，旨在应对数据流动的无国界特性。

以中国为例，《中华人民共和国数据安全法》规定"在中华人民共和国境外开展数据处理活动，损害中华人民共和国国家安全、公共利益或者公民、组织合法权益的，依法追究法律责任"。《中华人民共和国个人信息保护法》规定"在中华人民共和国境外处理中华人民共和国境内自然人个人信息的活动，有下列情形之一的，也适用本法：（一）以向境内自然人提供产品或者服务为目的；（二）分析、评估境内自然人的行为；（三）法律、行政法规规定的其他情形"。可见中国的相关法律规定为境外管辖提供了法律依据。

以欧盟为例，GDPR 体现了境外管辖的原则。GDPR 规定，GDPR 不仅适用于在欧盟境内设立的数据控制者或处理者，还适用于非欧盟机构但对欧盟境内数据主体的个人数据进行相应处理的情形。举例而言[①]，2018 年 7 月以及 10 月（该时期英国未正式脱欧），英国信息专员办公室对加拿大某政治咨询和技术公司开出执法通知，如果该公司不按要求如期整改，就可能被处以最高达 2000 万欧元或该公司全球年营业额 4%的罚款，以两者中较高者为准。可见根据 GDPR，英国可以对加拿大的企业进行行政处罚。

根据我们的实务经验，判断出海企业的行为是否会触发"适用"目标国家/区域的数据合规要求，主要考虑以下几个方面：

（1）典型考虑维度。

① 地域范围。不同的国家/地区对于"境外管辖"的地域适用范围存在差异，"地域适用范围"指是否一定要求在当地设立实体。例如，在泰国的《个人数据保护法》（以下简称"泰国 PDPA"）下，泰国 PDPA 不仅适用于在泰国设立的组织，也适用于泰国境外的组织，只要其向泰国境内的数据主体提供商品或服务，或对泰国数据主体的行为进行监控。又如，在新加坡的《个人数据保护法》（以下简称"新加坡 PDPA"）下，新加坡 PDPA[②]既适用于在新加坡收集、使用和披露个人数据的组织，也适用位于新加坡境外或在新加坡境外成立的组织收集、使用和披露

---

① Stevens & Bolton LLP. First Gdpr Enforcement Action is Against a Canadian Data Controller [EB/OL]. (2019-05-08) [2024-07-04]. https://www.stevens-bolton. com/site/insights/articles/first-gdpr-enforcement-action-against-canadian-data-controller.

② "Purpose 3. The purpose of this Act is to govern the collection, use and disclosure of personal data by organisations in a manner that recognises both the right of individuals to protect their personal data and the need of organisations to collect, use or disclose personal data for purposes that a reasonable person would consider appropriate in the circumstances."

"organisation" includes any individual, company, association or body of persons, corporate or unincorporated, whether or not —

(a) formed or recognised under the law of Singapore; or

(b) resident, or having an office or a place of business, in Singapore;"

"personal data" means data, whether true or not, about an individual who can be identified —

(a) from that data; or

(b) from that data and other information to which the organisation has or is likely to have access

自然人个人数据。

可见，即使出海企业未在当地设立实体，在泰国 PDPA 下，向泰国境内的数据主体提供商品或服务，也会受泰国 PDPA 的规范，在新加坡《个人数据保护法》下，若收集、使用和披露新加坡自然人的个人数据，也会受新加坡 PDPA 的规范。

② 数据类型。除"地域适用范围"考虑维度外，在判断出海企业的行为是否触发"境外管辖效力"，通常还需要考虑"数据类型"。例如，在欧盟 GDPR 下，GDPR[1]仅适用于全部或部分通过自动化方式对个人数据的处理，以及通过自动化方式以外的其他方式对构成或拟构成归档系统一部分的个人数据的处理。"个人数据"[2]是指与已识别或可识别的自然人（"数据主体"）有关的任何信息。可见，若出海欧盟的企业收集并处理的不是"自然人"个人数据，而是企业运营数据等，则该出海企业行为不属于 GDPR 管辖的范畴。

③ 数据处理场景。除此之外，典型考虑维度还包括"数据处理场景"。例如，欧盟 GDPR[3]不适用于自然人在纯粹个人或家庭活动中对于个人数据的处理。可见，出海企业还需要判断具体的数据处理场景。

（2）特殊考虑维度。

除典型考虑维度之外，某些国家/地区还存在其他考虑因素。例如，在美国加

---

[1] This Regulation applies to the processing of personal data wholly or partly by automated means and to the processing other than by automated means of personal data which form part of a filing system or are intended to form part of a filing system.

[2] 'personal data' means any information relating to an identified or identifiable natural person ('data subject'); an identifiable natural person is one who can be identified, directly or indirectly, in particular by reference to an identifier such as a name, an identification number, location data, an online identifier or to one or more factors specific to the physical, physiological, genetic, mental, economic, cultural or social identity of that natural person

[3] This Regulation does not apply to the processing of personal data: ..by a natural person in the course of a purely personal or household activity.....

州《加州消费者隐私法案》(《California Consumer Privacy Act》, 以下简称 "CCPA")

CCPA 下, CCPA[①]适用于在加州开展业务并满足以下任何一项条件的营利性企业: 上一日历年的年总收入超过 2,500 万美元; 单独或联合购买、出售或共享 10 万名或更多加州居民或家庭的个人信息; 或通过出售加州居民的个人信息获取 50% 或更多的年收入。可见, 在加州, 主要以收入、个人信息处理规模以及个人信息获利占比进行判断。

根据我们的实务经验, 需要满足 "境外数据合规" 要求的典型场景主要为: 在业务场景下处理用户/消费者的个人信息, 如在跨境电商场景下, 收集处理消费者的 ID、手机号、收件信息等; 在管理场景下, 如在全球人力资源管理以及客户资源管理目的下, 收集处理当地境外员工个人信息, 或者客户联系人的个人信息。

鉴于境外投资企业的数据处理行为存在差异, 故在判断是否需要满足境外国家/地区的数据合规要点时, 还需要一事一议, 具体分析与判断。

(三) 全球数据合规洞察

1. 全球视角下数据合规监管态势

全球数据合规监管环境日益严格, 各国/地区政府越来越重视网络安全和隐私保护, 特别是金融服务、医疗保健等敏感行业。我们通过研究以及实务经验总结出如下监管态势:

(1) 重视数据合规立法。

GDPR 是欧盟于 2016 年制定, 并于 2018 年 5 月 25 日生效的的数据保护法规,

---

① (A) As of January 1 of the calendar year, had annual gross revenues in excess of twenty-five million dollars ($25,000,000) in the preceding calendar year, as adjusted pursuant to paragraph (5) of subdivision (a) of Section 1798.185.

(B) Alone or in combination, annually buys, sells, or shares the personal information of 100,000 or more consumers or households.

(C) Derives 50 percent or more of its annual revenues from selling or sharing consumers' personal information.

对在欧盟境内以及向欧盟境内提供商品或服务的境外企业提出了严格的数据保护要求，自 GDPR 实施以来，已有多个企业因违反该条例而遭受重罚。

美国虽然没有制定统一的联邦数据保护法规，但某些联邦立法涉及对特定类型数据的处理，如《健康保险流通与责任法案》（HIPAA）、《公平信用报告法》（FCRA）、《家庭教育权利和隐私法案》（FERPA）、《金融服务法现代化法案》（GLBA）、《电子通信隐私法》（ECPA）、COPPA。除此之外，美国部分州制定了单独的数据隐私法规，如加州 CCPA 以及 CPRA、弗吉尼亚州《消费者数据保护法》（VCDPA）、犹他州《消费者隐私法》（UCPA）、康涅狄格州《数据隐私法》CTDPA）等，以及某些州规定了数据隐私的具体方面，如伊利诺伊州《生物识别信息隐私法》（BIPA）。需要特别提示的是，美国在 2024 年 2 月 28 日签署了"Executive Order on Preventing Access to Americans' Bulk Sensitive Personal Data and United States Government-Related Data by Countries of Concern"（关于防止受关注国家获取美国公民大量敏感个人信息和美国政府相关数据的行政命令）①，旨在进一步加强对美国个人敏感数据和政府数据的保护。

除此之外，亚洲的新加坡、澳大利亚、阿拉伯联合酋长国、日本、韩国、印度、泰国等国家，非洲的肯尼亚、乌干达等国家，南美洲的巴西等国家，也制定了相应的数据保护法规，以加强数据安全和隐私保护。

可见，全球一些主要国家/地区，或已经制定了数据保护专门立法，或讨论数据保护专门立法的进程中。

---

① THE WHITE HOUSE. Executive Order on Preventing Access to Americans' Bulk Sensitive Personal Data and United States Government-Related Data by Countries of Concern[EB/OL]. (2024-02-08)[2024-07-04]. https://www.whitehouse.gov/briefing-room/presidential-actions/2024/02/28/executive-order-on-preventing-access-to-americans-bulk-sensitive-personal-data-and-united-states-government-related-data-by-countries-of-concern/.

（2）加强监管执行力度。

随着数据保护法规的日益完善，各国/地区政府的监管力度也在不断加大。根据商务部消息[①]，2022年欧洲数据监管机构针对GDPR违规的罚款额达创纪录的29亿欧元，是2021年的两倍。据第一财经信息[②]，2023年欧盟数据监管机构更是向Facebook母公司、美国科技巨头Meta开出一张12亿欧元的巨额罚单，理由是Meta将欧盟用户数据传输到美国。除此之外，据36Kr消息[③]，美国联邦贸易委员会（FTC）对Epic Games（游戏《堡垒之夜》的经营者），因其违反COPPA、更改默认隐私设置而处以2.75亿美元罚款。新加坡的监管机构[④]对Secur Solutions Group因其未能采取合理的安全安排来保护包含献血者个人数据的数据库不被在线公开访问而被处以12万美元的罚款，可见各国监管机构的执法力度之强。

综上可见，全球立法正在逐步完善，监管机构的执法日渐严格，各国/地区基于自身实际情况，立法及执法存在不小的差异。目前执法最严格的为欧美地区，任何涉及违反数据合规的行为，极大可能会受到高额的行政罚款，其他地区执法态势仍主要集中在"数据泄露"情形。随着数字经济的发展，频繁的数据全球性流动，其他国家/地区的执法力度也将趋向加大。

2. 境外数据合规维度

在了解了全球数据合规监管态势之后，如何快速了解出海地区数据合规监管

① 商务部. 2022年欧盟数据违规罚款总额翻倍至29亿欧元[EB/OL]. (2023-02-03)[2024-07-04]. http://ie.mofcom.gov.cn/article/jmxw/202302/20230203385050.shtml

② 钱童心. 欧盟开出GDPR出台以来最大罚单 企业盼欧美隐私协议尽快生效[EB/OL]. (2023-05-23) [2024-07-04]. https://m.yicai.com/news/101764276.html.

③ 新经济风控官. 80亿摘桂！全球2022数据合规天价罚单可视化分析[EB/OL]. (2023-03-10) [2024-07-04]. https://36kr.com/p/2094302053875459.

④ PDPA. Breach of the Protection Obligation by Secur Solutions Group，PDPA[EB/OL]. [2024-07-04]. https://www.pdpc.gov.sg/all-commissions-decisions/2020/11/breach-of-the-protection-obligation-by-secur-solutions-group.

概况，首先，我们建议关注以下维度：主要法律文本、监管机构、适用范围、关键定义、处理合法性基础、告知同意、数据跨境传输、主体权利、处罚规定；其次，我们主要分析立法比较完善、执法比较严格以及与中国大陆经济往来比较频繁的国家/地区的数据合规监管之间的差异。

3. 全球典型司法区域数据合规监管差异对比

表6-4　全球典型司法区域数据合规监管差异对比

合规模块	欧盟	美国加州	新加坡	中国香港
主要法律文本	GDPR	《加州消费者隐私法》（CCPA）、《加州隐私权法》（CPRA）	1. 法案： 2012年个人数据保护法、2016年信息通信媒体发展法 2. 法规： 2021年个人数据保护（犯罪构成）条例、2013年个人数据保护（请勿致电登记处）条例、2021年个人数据保护（执行）条例、2021年个人数据保护条例、2021年个人数据保护（上诉）条例、2021年个人数据保护（数据泄露通知）条例 3. 其他附属法例： 2013年个人数据保护（法定机构）通知 2014年个人数据保护（指定执法机构）通知 2020年个人数据保护（指定执法机构）通知 2015年个人数据保护（指定医疗机构）通知 4.指南及咨询： 《PDPA关键概念咨询指南》等	1.《个人资料（私隐）条例》 2.《2021年个人资料（私隐）（修订）条例》 3.《粤港澳大湾区（内地、香港）个人信息跨境流动标准合同》

续表

合规模块	欧盟	美国加州	新加坡	中国香港
监管机构	1. 欧盟数据保护委员会（EDPB） 2. 欧盟各国监管机构，如法国的国家信息自由委员会（CNIL）、爱尔兰的数据保护委员会（DPC）	加州总检察长办公室 加州隐私保护局	个人数据保护委员会（PDPC）	个人资料私隐专员公署
适用范围	1. 适用于在欧盟境内设立的数据控制者或数据处理者对个人数据的处理，无论该处理行为是否发生在欧盟境内 2. 适用于非欧盟境内控制者或处理者对位于欧盟境内的数据主体的个人数据进行的处理，此类处理活动涉及 ① 向联盟境内的数据主体提供商品或服务，无论数据主体是否需要付款；或者 ② 对他们在联盟境内的行为进行监控 3. 适用于未在联盟内设立、但根据国际公法在成员国法律适用地设立的控制者对个人数据的处理	适用于在加州开展业务，且符合下述指标之一的营利企业： 1. 年总收入超过 2,500 万美元 2. 购买、出售或共享 100,000 名或更多加州居民或家庭的个人信息 3. 通过出售加州居民的个人信息获取 50%或更多的年收入	1. 适用于在新加坡收集、使用和披露个人数据的组织 2. 适用位于新加坡境外或在新加坡境外成立的组织收集、使用和披露新加坡自然人个人数据	（行政上诉委员会上诉案件第15/2019号）中，委员会认为条例的属地范围及管辖权只覆盖有在香港或从香港"控制"有关个人资料的运作业务的资料使用者

合规模块	欧盟	美国加州	新加坡	中国香港
关键定义	"个人数据"是指与已识别或可识别的自然人（"数据主体"）有关的任何信息；可识别的自然人是指可直接或间接识别的人，特别是通过姓名、身份证号、位置数据、在线标识符或特定于自然人身体、生理、遗传、精神、经济、文化或社会身份的一个或多个特定因素来识别	"个人信息"是指能够识别、关联、描述、合理地与特定消费者或家庭直接或间接关联或合理地与之相关的信息，如标识符、生物特征信息、地理位置信息、教育信息等	"个人数据"是指有关个人的、可识别的数据（无论真实与否），如姓名、手机号码等	个人信息（个人资料）指符合以下说明的任何资料： 1. 直接或间接与一名在世的个人有关的 2. 从该资料直接或间接地确定有关的个人的身份是切实可行的 3. 该资料的存在形式令予以查阅及处理均是切实可行的
处理合法性基础	1. 数据主体已明确地同意处理数据 2. 处理对于履行数据主体作为一方当事人的合同是必要的，或者为了在签订合同之前根据数据主体的要求采取措施是必要的 3. 以履行法律义务,处理是必要的 4. 为了保护数据主体或其他自然人的重大利益，处理是必要的 5. 为了履行公共利益任务或履行某些官方职能，处理是必要的 6. 为了控制者或第三方追求的合法利益,处理是必要的,除非这些利益被需要保护个人数据的数据主体的利益或基本权利和自由所凌驾,特别是当数据主体是儿童时	1. 消费者同意:选择出售或共享个人信息、出售未成年人的个人信息、使用第三方Cookie	1. 取得个人的同意 2. 明显符合数据主体的利益 3. 为了应对威胁个人或其他个人的生命、健康或安全的紧急情况所必需的 4. 符合国家利益、公共利益 5. 已经公开的个人信息 6. 仅用于艺术、文学、新闻活动（视情况而定）	1. 取得数据主体同意 2. 执行司法职能 3. 家居用途 4. 关于香港的保安、防卫或国际关系的目的 5. 罪行的防止或侦测；犯罪者的拘捕、检控或拘留等 6. 资料当事人的身体健康或精神健康 7. 新闻 8. 统计与研究 9. 危急处境

续表

合规模块	欧盟	美国加州	新加坡	中国香港
告知同意	1. 同意必须是"自愿的、具体的、知情的和明确的" 2. 同意请求必须"与其他事项明显区分"，并以"清晰、通俗的语言"表达 3. 数据主体可以随时撤回先前给予的同意，撤回同意与给予同意应同样容易 4. 儿童只有在父母允许的情况下才能表示同意 5. 需要保留同意的书面证据	1. 在必要时获得适当的同意 2. 在隐私政策中披露 3. 提供"请勿出售我的个人信息"页面 4. 为消费者提供提交退出请求的途径 5. 收集时进行通知	《个人数据保护法》允许取得个人的"视为同意"，如： （1）个人自愿、主动提供 （2）个人同意组织为特定目的向另一组织披露其个人数据 （3）履行合同所必需 （4）通过"通知"	以明确方式告知资料当事人，并取得同意
数据跨境传输	1. 充分性决定（白名单），目前中国大陆不在白名单里内 2. 满足一项适当的保障措施： （1）公共当局或机构之间具有法律约束力并可执行的文书 （2）具有约束力的公司规则 （3）委员会通过审查程序通过的标准数据保护条款 （4）监管机构采用并由委员会通过审查程序批准的标准数据保护条款	未明确跨境数据传输要求，但是，将数据传输给第三方包含在出售和共享的要求中	1. 书面同意/视为同意/权益保护必要/传输中的数据/公开 2. 接收方具有合法可执行义务 （1）法律 （2）合同（要求接收方对所转移的个人数据提供至少与《个人数据保护法》规定的保护相当的保护标准） （3）BCR（具有约束力的公司规则） （4）任何其他具有法律约束力的文书	1. 转移到"白名单"制定的地方 2. 目的地司法管辖区足够数据保护制度 3. 书面同意 4. 为避免和减轻对资料当事人的不利影响 5. 个人资料的使用不受"使用限制原则"的限制 6. 资料使用者采取合理的预防措施（如合同条款，《跨境资料转移指引：建议合约条文范本》）

续表

合规模块	欧盟	美国加州	新加坡	中国香港
数据跨境传输	（5）批准的行为准则，以及第三国控制者或处理者采取适当保障措施的具有约束力和可执行的承诺 （6）批准的认证机制，以及第三国控制者或处理者采取适当保障措施的具有约束力和可执行的承诺 3. 特殊情况下的例外规定： （1）数据主体在被告知由于缺乏充分性决定和适当的保障措施而可能给数据主体带来的风险后，明确同意转移 （2）这种转移对于履行数据主体与控制者之间的合同或者实施根据数据主体的要求采取的合同前措施是必要的 （3）为了数据控制者与另一自然人或法人之间为了数据主体的利益而订立或履行合同，该转移是必要的 （4）由于公共利益的重要原因，转移是必要的 （5）该转移对于建立、行使或辩护法律索赔是必要的 （6）为了保护数据主体或其他人的重大利益，有必要进行数据转移，但数据主体在身体上或法律上无法给予同意		3. 其他（如 APEC CBPR 认证：亚太经合组织跨境隐私规则）	来自： 《保障个人资料：跨境资料转移指引》（2014 年12 月） 除此之外，对于与广东九市之间的跨境流动，参考《粤港澳大湾区（内地、香港）个人信息跨境流动标准合同》

合规模块	欧盟	美国加州	新加坡	中国香港
主体权利	知情权 访问权 纠正权 删除权 限制处理的权利 数据可携权 反对的权利 与自动决策和分析相关的权利	知情权 删除权 选择退出出售或共享的权利 更正权 限制使用和披露敏感个人信息的权利	查阅权 更正权 删除权/被遗忘权 反对处理权 限制处理权 数据可携权 撤回同意的权利 反对营销的权利 保护个人免受自动化决策和分析的权利	查阅权 更正权 删除权 转移权
处罚规定	最高为2,000万欧元或上一财政年度全球年营业额的4%，以两者最高为准	每次将被处以不超过2,500美元的行政罚款，或每次故意违规或涉及未满16周岁的消费者个人信息的违规行为将被处以不超过7,500美元的行政罚款	最高为100万新元，若在新加坡年营业额超过1,000万新元，罚款为其在新加坡的年营业额的10%	违反专员发出的执行通知即属犯罪，最高可被判罚款港币5万元及监禁2年，加上每日罚款港币1,000元。一经再次定罪，最高可被判罚款港币10万元及监禁2年，加上每日罚款港币2,000元

三、总结

最后，我们总结前文所述的，企业出海所面临的数据合规问题如下，一是数据出境合规；二是境外数据合规。

一是关于"数据出境合规"的思路与步骤，可总结为图6-6：

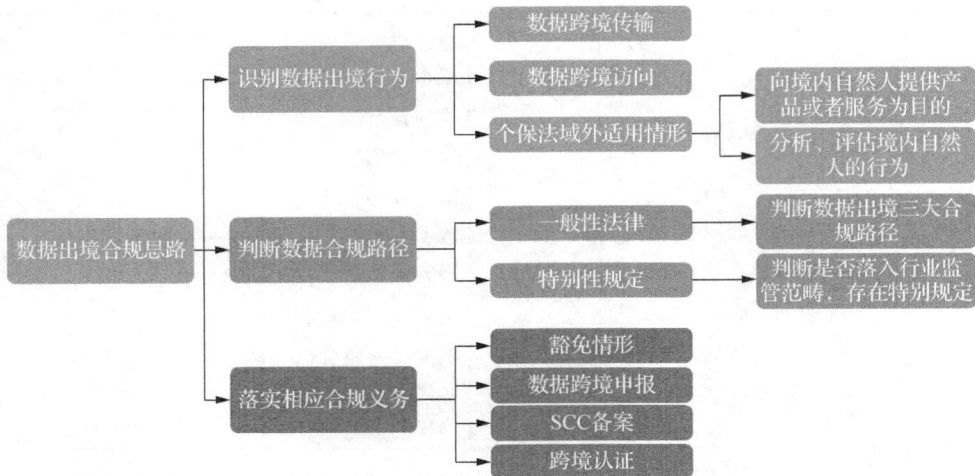

图6-6 数据出境合规步骤

二是"境外数据合规"，若企业在境外投资目的地收集处理数据，企业需判断是否受境外投资目的地相关法律法规的管辖，以及关注相关法律法规对于"数据处理生命周期""企业内部数据安全管理体系与技术能力"以及"数据本地化与数据跨境传输"等的合规要求，如图6-7所示。

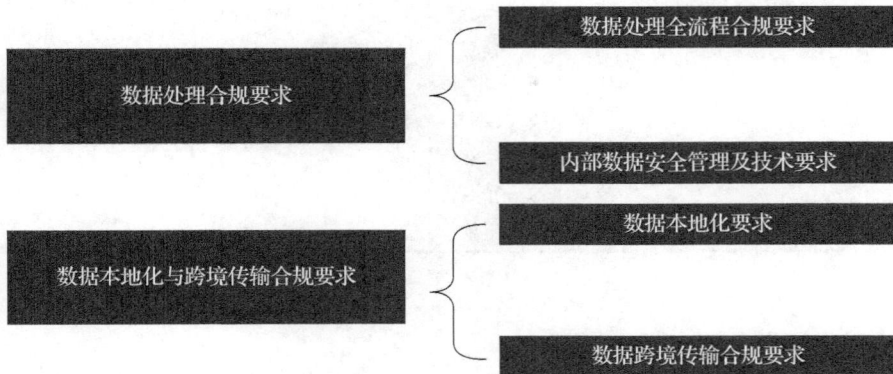

图6-7 境外数据合规维度概览

　　无论数据出境合规，还是境外数据合规，在实务中，均存在诸多难点。其主要内容有：在数据出境合规中，数据出境行为识别与判断、数据出境豁免的认定与明确、"数据出境合规路径选择的落地环节等事项；在境外数据合规中，企业如何判断是否落入境外法律适用范围、如何建立境外数据合规管理框架以及如何确定境外投资时的服务器部署方案等问题，均需要专业人士的协助与支持。

　　数据合规与传统劳动合规、税务合规等不同。作为新的境外投资合规领域，企业难免感到"晦涩"和"陌生"，加之监管态度和执法力度一直在变化，如何准确把握合规要点与尺度，在合规成本与商业价值中取得平衡，是企业境外投资面临的一大难题，故建议与专业服务团队合作，共同助力企业在境外投资道路上稳健发展。

第七章

企业境外投资反腐败合规

腐败问题目前仍然是全球性痼疾，呈现出其严峻多变、广泛存在的态势及特征，成为国际社会合力打击的共同目标。以美国为例，2021年自拜登政府上台之后，反腐败逐步被提升至美国国家安全核心利益的高度。拜登政府于2021年6月发布《关于将反腐败确立为美国国家安全核心利益的备忘录》，将打击腐败确立为国家安全的核心利益之一。中国企业在境外投资的实践中面临着商业贿赂、侵吞资产、利益输送等屡禁不止问题，除将受到东道国的法律制裁外，还可能带来企业资产流失、公司声誉受损与中国的国际形象破坏等不利影响。面对当前反境外腐败的形势与任务，中国企业应当充分识别境外投资活动中腐败高发风险环节，探索并建立一整套中国企业境外腐败风险识别、评估、应对、控制、监督的全方位合规机制，全面提升境外反腐败治理能力。

第一节　中国及境外反腐败现状

一、中国关于企业境外投资反腐败的相关规定

随着我国不断扩大对外开放，"走出去"企业规模和对外投资体量越来越大。实践中，少数中国企业在境外投资过程中通过钱权交易、商业贿赂、利益输送等方式产生的腐败犯罪行为，不但扰乱了良性的市场竞争秩序，更对中国企业的商业信誉及中国国际形象造成不良影响。在国际竞争中"走捷径"、搞灰色地带，可能会获得短期经济利益，但从长远看无异于饮鸩止渴，最终要吃大亏。特别是近年来在美国《境外反腐败法》（FCPA）"长臂管辖"下，对腐败违法行为设置了严厉的处罚措施，使投机企业可能丧失其经营、交易资格和优惠政策。

党的十八大以来，我国致力于建立廉洁高效的法治政府。在党中央的坚强领导下，我国深度参与联合国、二十国集团、亚太经合组织、金砖国家、上合组织等多边框架下的反腐败合作机制；主导通过《北京反腐败宣言》《二十国集团反腐

败追逃追赃高级原则》和《中国—东盟关于全面加强有效反腐败合作联合声明》，推动亚太反腐败执法合作网络设立①。同时，国家通过修改刑事诉讼法，制定《引渡法》《国际刑事司法协助法》《反洗钱法》《监察法》等法律，构建中国反腐败国际追逃追赃的基本法律框架。例如，刑事诉讼法规定了刑事司法协助原则，确立"刑事缺席审判程序""犯罪嫌疑人、被告人逃匿、死亡案件违法所得的没收程序"，这两个特别程序分别对应国际追逃和国际追赃，是反腐败国际追逃追赃的重要法律武器。在监察法及其实施条例中，在"反腐败国际合作"一章中，明确国家监察委员会在组织反腐败条约实施以及追逃追赃防逃中的组织协调等职责，反腐败国际追逃追赃法律规范体系渐趋完备。

二、境外反腐败现状

近十年来，受美国《反境外腐败法》的颁布及执法活动的影响，全球主要国家跨境反腐败立法和执法实践快速演进。当前，国际社会已形成国际公约、地区公约、各国国内法规三层次境外反腐败法规体系，世界范围内遏制打击境外腐败的决心愈发坚决。

第一层次系全球性公约。美国在通过积极的游说来推动其《反境外腐败法》的国际化的同时，还促成了《联合国反腐败公约》《OECD反腐败公约》等反腐败多边条约的签署。2005生效的《联合国反腐败公约》是联合国历史上通过的第一个用于指导国际反腐败斗争的法律文件，对预防腐败、界定腐败犯罪、反腐败国际合作、非法资产追缴等问题进行了法律上的规范，对各国加强国内的反腐行动、提高反腐成效、促进反腐国际合作具有重要意义。该公约是国际社会治理腐败的基础，至今已有一百多个签字国。我国于2003年12月10日签署公约，2005年10月27日批准公约，并在履行国际条约方面也采取了一系列积极措施。

---

① 楚木林，蔡丹阳. 让腐败分子永无藏身之地[N]. 中国纪检监察报，2018-10-08(5).

第二层次系区域性公约。区域性的反腐败公约主要有美洲国家制定的《美洲反腐公约》。欧洲理事会制定的《反腐败民事公约》《反腐败刑事公约》《欧盟反腐败公约》《打击涉及欧盟官员或成员国官员的腐败行为公约》，非洲国家联盟制定的《防止和治理腐败公约》，经合组织制定的《经合组织反境外贿赂公约》，经合组织制定的《禁止在国际商业交易中贿赂外国公职人员公约》《关于进一步打击国际商业交易中贿赂外国公职人员行为的建议》《OECD 跨国企业指导原则》等。以上区域性公约的制定和颁布旨在促进地区性反腐败犯罪的共同治理与区域合作。

第三层次系不同国家制定的各国境外反腐败法或与反腐败相关的法律法规。发达国家普遍制定有专门的单行法来治理腐败。以美国为例，美国反对腐败的法律主要体现在各州的单独立法，联邦层面则制定了《美国反境外腐败法案》对腐败行为加以管制。德国与治理腐败有关的法律主要包括《反腐败法》《反不正当竞争法》和《刑法典》。英国议会于 2010 年颁布了《反贿赂法》取代了此前所有特别法、普通法中关于贿赂行为的规定。新加坡建立了完善的反腐败立法体系，相继出台了《防止贪污法》《没收贪污所得利益法》《公务员纪律条例》《公务员惩戒规则》等法律法规，并数次修订、完善，使这些法规与刑法、刑事诉讼法等法相得益彰，互为补充，为政府廉洁从政和预防腐败提供了有效的行为规范。总之，新加坡政府对商业贿赂行为等持零容忍态度，希望通过维持公平透明的商业环境，持续吸引本国和外国资本。

许多发展中国家对腐败行为的治理愈加重视，制定专门的单行法来治理腐败。以越南为例，越南是《联合国反腐败公约》的缔约国，此公约既适用于政府公共部门，也适用于私营企业。越南共产党对遏制党内腐败极其重视，先后制定了《反腐败法》《申诉控告法》等，不仅为惩治腐败、加强群众监督提供了法律依据，还在全党开展党的建设和整顿运动，加强制度建设、加大监督力度等一系列措施，有效遏制党员干部贪污腐败现象。再以土耳其为例，土耳其《刑法典》将"贿赂"定义为：公务人员根据与任何人达成的协议，违反公务人员的职责和责任，通过一定的作为或不作为从而获得利益。受贿的公职人员及行贿者都将被处以 4～12

年的监禁，从行贿中受益的企业会收到相应的处罚（如没收财产、吊销执照等）。土耳其议会于 1990 年通过了《财产申报、打击贿赂和腐败法》，通过该法监管公职人员的财产申报、申报更新、财产监理、收取不法财产或违规申报等情况，法院依据该法对有关违规违纪案件进行审理和判决。[①]

总体而言，全球主要国家境内及跨境反腐败立法和执法实践正在快速发展演进，世界范围内遏制打击境外腐败的决心愈发坚决。

第二节　企业境外投资的主要腐败风险

随着各国（地区）对跨国公司境外腐败的关注和不断深入研究，国际反腐组织"透明国际"（Transparency International）依据世界银行、环球透视、英国智库、世界经济论坛等国际机构数据进行评估等，对各国（地区）进行清廉指数整体性评估。根据透明国际发布的数据，2023 年全球 180 个国家/地区的廉洁感知指数平均仅为 43 分，与 2022 年相同。大多数国家在很大程度上未能遏制腐败，三分之二国家指数评分低于 50 分，世界上 80% 以上的人口生活在 CPI 得分低于全球平均水平（43 分）的国家。[②] 此外，该指数排名前 25 位的国家人口数量超过全球人口的 10%。因此，腐败仍然是一个直接或间接伤害大多数人的社会问题。尤其是涉及廉政司法情况较差的辖区，中国企业需要高度警惕高管、员工等以非法贿赂手段获取商业利益，以避免腐败行为所带来的行政和刑事风险。

---

① 商务部. 对外投资合作国别地区指南：土耳其[EB/OL]. (2024-05-29)[2024-07-04].
http://www.mofcom.gov.cn/dl/gbdqzn/upload/tuerqi.pdf

② 亚布力企业家论坛.【一带一路　观察】2023 "一带一路" 沿线国家的腐败感知[EB/OL].
(2024-02-02) [2024-07-04]. https://mp.weixin.qq.com/s?__biz=MjM5NDA1NzIwMA==&mid=
2650661138&idx=1&sn=ecc7fa44e34cdf8379ea7239b6d36d1d&chksm=be84df8d89f3569b4d53
77a74cf775299a2a16dc9ed503881e49bd8864432ed08d9173065e8e&scene=27

一、腐败风险环节

中国企业在境外投资的过程中，由于不同国家和地区的法律、文化、政治环境的差异，也基于不同行业在经营过程中的差异，可能会面临的腐败风险也不尽相同。企业在进行腐败风险识别时，建议根据东道国国情及企业自身行业特性就业务开展各环节可能产生的腐败风险进行排查。以下列举若干中国企业在境外投资时可能出现腐败风险环节，以供企业在实践中识别腐败风险参考。

1. 市场调研与尽职调查阶段

市场调研和项目尽职调查是境外投资的第一步，但信息的不对称和不透明可能导致企业作出错误的投资决策。例如，泄露项目资源信息，报送虚假的项目评估报告、资产评估报告。此外，一些不法中介可能会利用信息不对称诱导企业参与不正当交易。以上各类情况都容易引发企业陷入腐败风险。

2. 涉及政府官员在行使职权时的腐败风险

在境外投资中，政府审批、批准和监管程序中的行政腐败尤为常见，如政府官员或公务员滥用权力、索取贿赂、收受回扣等。企业可能通过贿赂手段加速审批流程、获取政府支持或避免不利处罚。例如，中国企业在东道国进行投资审批和公司注册阶段，通常需要与当地政府部门打交道。此阶段，若审批流程不透明或存在行政效率低下的情况，企业可能就会面临拖延审批并进行索贿等腐败行为。又如，在获取土地使用权和建设许可的过程中，企业可能会遇到地方保护主义和不正当竞争。一些地方政府或官员可能会利用职权干预土地出让和许可发放，要求企业支付额外费用或参与不正当交易，进而引发腐败风险。

3. 融资与资金管理

在融资和资金管理环节，企业可能会面临洗钱、逃税等违法行为的风险。不规范的资金流动和不透明的财务管理可能为腐败行为的产生提供机会。

4. 供应链管理

在供应链管理中，企业可能会在采购、物流和分销等环节遇到腐败问题。不透明的招标过程、不公正的合同条款和不规范的供应商选择都可能导致腐败行为的产生。例如，在国际投资项目的招标和投标过程中，企业可能通过向相关官员或评标委员会成员行贿来获取中标资格或扭曲竞争环境，或者通过串通其他投标方达成不正当的协议。

5. 人力资源管理

在人力资源管理环节，企业可能会在招聘、培训和晋升等方面遇到腐败问题。不公正的招聘程序、不透明的晋升机制和不规范的薪酬体系都可能成为腐败的"温床"。

6. 社会责任与环境保护

在履行社会责任和环境保护方面，企业可能会因为忽视当地法律法规和社区诉求而面临腐败风险。例如，企业在环保审批、社区关系建设等方面可能会受到当地官员或社区领袖的不当影响。

以上仅以部分例子说明，企业境外投资过程中可能遇到的腐败风险，实际情况可能更加复杂多样。

二、腐败行为的具体表现方式

中国企业在境外投资活动中的腐败行为通常表现为四个类型：其一，交易型腐败行为，即通过商业贿赂、商业欺诈以及其他不正当竞争行为获取或者维持商业项目；其二，渎职型腐败行为，因企业内部治理松散、监管不到位，造成企业人员违法违规决策向对方利益输送、谋取不正当好处；其三，侵占型腐败行为，即企业管理人员在境外投资中以权谋私、贪污、挪用或者以相似方式侵占企业财产；其四，享乐型腐败行为，即企业人员利用职务权限便利进行过度消费、铺张浪费，造成企业资产的流失。

三、知名企业涉腐案例

德国工程巨头西门子公司在 2008 年因涉嫌在多个国家行贿而引发了一场丑闻。法庭材料显示，西门子行贿行为规模惊人，总计为超过 290 个项目或销售向各国政府官员行贿，涉及多个国家，其中包括在中国参与的城市地铁、医疗器械、高压输电等项目。美国司法部 2008 年 12 月 15 日宣布，德国西门子（Siemens AG）及其三家子公司承认违反了美国《境外反腐败法案》（FCPA）。在承认有错的同时，西门子将向美国司法部支付 4.5 亿美元的刑事罚金。此外，西门子在德国被慕尼黑地区检察机构处以 3.95 亿欧元（约 5.69 亿美元）的罚金，加上此前西门子被处罚的罚金，合计西门子前后共支付约 16 亿美元的罚金，成为历史上因行贿而被施以的最严重惩罚。[1]#

第三节　企业境外投资反腐败合规体系建设思路

不同类型及不同行业的企业在境外投资时可能涉及的腐败风险各有不同，因此，各企业应根据自身经营管理的实际情况及特殊性建立符合企业健康良性发展的反腐败合规体系。笔者将结合一些大型企业在"走出去"过程中关于反腐败合规体系建设的经验，提炼其反腐败合规体系建立的逻辑和方法，希望可成为其他企业量体裁衣，建设符合自身情况反腐败合规体系的基础。

---

[1] 赵剑飞，陈竹. 西门子纵容员工全球行贿为此认罚 16 亿[EB/OL]. (2009-05-29)[2024-07-04]. https://www.mbachina.com/html/mpaccfs/201701/1584.html.

一、确定反腐败合规法律依据并制定内部反腐败合规制度

当前，国际社会已形成国际公约、地区公约、各国国内法规三层次反腐败法律法规体系，主要包括：中国及东道国法律法规，监管机构发布的命令或指引，法院判决及行政决定，地区及国际公约，国际惯例等。对于"走出去"的中国企业而言，以上三个层次的法律法规及制度惯例是衡量和应对腐败风险的底线，企业在建立合规体系过程中须将其纳入制度参照对象。

在熟悉并充分理解外部法律法规基础上，企业应根据自身情况制定并优化符合自身经营管理情况的内部反腐败制度。内部反腐败制度的制定一是要与外部法规的要求相匹配，不得违背外部法规和的要求，二是要在制度实施过程中根据企业经营管理的实际情况和经济社会及外部法律法规的各种发展变化来不断调整和完善内部反腐败制度，以便让制度能够真正贴合实际被有效执行和利用、与时俱进。

以中国大唐集团境外投资有限公司为例，其境外反腐败合规制度的构成主要为：一是外部合规法律法规等，主要包括但不限于：中国以及东道国、相关国家的法律和法规，许可、执照或其他形式的授权，监管机构发布的命令、条例或指南，法院判决或行政决定，条约、惯例和协议，国际条约、惯例等。二是内部合规制度：集团公司及本公司规章制度（包含但不限于党风廉政、纪检、财务、法律合规、对外投资、市场开发等），"三重一大"决策机构各类决议，本企业已签署的合规承诺书或者合规宣言等。①

二、搭建反腐败合规工作组

工作组织架构的搭建是执行反腐败合规工作的关键。企业可选择高层领导，

---

① 陶朗道，于越. 中国企业国际合规蓝皮书[M]. 北京：中国经济出版社，2024.

如董事长，担任反腐败工作领导小组的组长，确保工作小组的权威性，并选派具有相关经验和专业知识的成员进入团队，各成员均须清楚自己的角色和责任，以便更好地协调和合作。同时工作小组还应建立有效的沟通机制，确保反腐败工作领导小组内部的信息交流畅通，通过定期召开会议，汇报工作进展、讨论问题、分享经验，共同推动反腐败工作的开展。

三、腐败风险识别及评估

识别和评估腐败风险是企业反腐败合规制度中的重要一环。企业在境外投资过程中，既要对东道国投资环境中潜在的腐败风险进行识别，也要对企业内部可能导致腐败行为的风险因素进行识别。对于企业而言，在境外投资过程中需要主动了解认识东道国反腐败法律、普遍的腐败状况等，以建立腐败风险预警机制，在企业内部管理过程中需要对组织结构、流程、员工行为等方面可能产生的腐败风险进行识别和评估。尤其是，企业须制订详细的风险排查计划，明确排查的目标、范围、时间和人员。确保计划具有针对性和可操作性，为风险排查工作提供指导。并且，企业须根据自身的实际情况，确定风险排查的重点领域和环节，如采购、销售、财务、人力资源等，再针对重点领域和环节进行深入排查，提升风险排查的效率和效果。

以中国大唐集团境外投资有限公司为例，其在反腐败合规识别方面要求定期组织境外投资反腐败识别合规风险，梳理反腐败反贿赂管理各业务控制环节因未遵守合规要求可能导致的处罚或损失。在识别合规风险的方法方面，则包括问卷调查、访谈调研、检查法等，合规管理评估，内部审计，员工举报等。此外，企业还可综合利用内控、审计、纪检的综合成果收集并建立本企业合规案例库，增强员工的反腐败合规风险意识。对于识别的重大风险，风险防控措施至少应包括：风险解决的具体目标，所需的组织领导，所涉及的管理及业务流程，所需的条件、手段等资源，风险事件发生前、中、后所采取的具体应对措施等。

中兴通讯作为跨国企业，其在风险识别和评估方法上采取文档审阅、数据分析、访谈、问卷调查、头脑风暴等方式，形成风险评估报告后，将风险评估结果与相关经营单位充分沟通，协调实施针对该地区或该领域实际情况相应的政策、规范和流程。基于上述方法论，在2020年，中兴通讯完成分布于欧洲、亚洲、非洲、南美洲等地重点国家的反贿赂合规风险评估。

四、根据经营管理中的腐败高发环节设计和执行内部控制制度

在内部管理层面，企业应当从腐败易发环节入手并对其加以规制，制定相关管理规范，如《招投标合规管理规范》《供应商选任流程及管理规范》《礼品招待管理制度》等。完整的反腐败规章体系的构建，既包括规范企业内部高管及员工在经营活动中可能滋生的贿赂行为，也涵盖对外部供应商、合作伙伴的甄别监督。

一般而言，企业在境外投资过程中，腐败主要高发于投资决策、招投标、财务管理、采购管理等方面。在反腐败内控制度的设计过程中，可借鉴大唐集团的部分标准。在投资决策方面，应明确境外投资管理流程，将风险、合规审查等纳入投资管控关键节点，切实防范腐败风险等。在招投标方面，应制定严格的招投标管理程序，确保透明、公正、公平的竞争环境，减少商业贿赂腐败风险。在财务管理方面，严格执行资金、财务人员等方面的制度规定。加强现金支付管控，境外项目开发过程中尽量避免使用现金支付，确需使用现金支付的，应进行合规审查。在采购管理方面，境外采购应严格遵守中国和项目所在国（地区）的法律要求，明确境外采购的程序和范围，坚持境外采购公开竞争性的原则。非招标采购应尽可能扩大市场范围，选择优质供应商产品和服务，提高采购质量。强化供应商的背景调查，推动通过签署廉洁协议或在相关协议中加入反腐败、反贿赂条款等方式，最大限度避免产生腐败贿赂风险。

五、定期对员工进行反腐败教育及培训

企业应定期开展员工教育和培训计划，培训内容应涵盖反腐败合规的基本知识、投资项目东道国的法律法规及政策、腐败行为的定义和常见类型、企业内部合规政策和程序的具体操作、举报渠道的使用方法等，确保内容全面、系统，符合企业的实际需求。同时，企业不仅要注重培训内容的更具针对性和实用性，还要考虑员工的职责和岗位特殊性，提供更具针对性的知识和技能培训。通过员工教育和培训，员工可以增强其对腐败行为的识别和防范能力，增强合规意识，提升反腐败合规的整体效果。

六、反腐败定期监督检查

制定反腐败合规制度并不是一次性的工作，而是一个持续的过程。企业应建立监督和评估机制，定期审查和评估反腐败合规制度的有效性，并根据评估结果进行调整和改进。监督、举报与调查是促进透明度和公信力的重要手段。监督和评估可以通过风险评估、内部审计、独立的合规审查方式进行。企业应设立相应的机构部门和人员，负责监督、评估合规工作的执行情况，并向管理层提供相关报告和建议。同时，企业也可设立专门的反馈渠道，鼓励公众对公示信息提出意见和建议。对于合理的建议和反馈，应积极采纳和改进，不断完善信息公示工作。通过持续的监督和评估，企业能够及时发现合规制度的薄弱之处，并积极采取更优化的措施加以改进，确保反腐败合规制度的有效性和持续性。总之，建立反腐败合规制度是企业防范腐败行为、维护诚信经营的重要举措。通过制定政策和程序文件、建立识别和评估风险机制、设计和实施内部控制措施、设立内部举报渠道、加强员工教育和培训、健全腐败行为奖惩机制以及监督和评估制度有效性，企业能够在境外经济活动中进行良性竞争，提升合规能力，维护企业利益和声誉。

七、健全腐败行为的惩罚机制

在反腐败合规制度中，建立适当的处罚违规和奖励合规机制是重要的激励手段。就奖惩制度而言，美国司法部和证交会在执行境外反腐合规计划时，通常重点考量公司是否存在适当明确的激励和惩罚措施，并且这些措施是否可靠并得到及时实施，这些措施是否与违规腐败行为相适应。同时，企业也应对积极参与反腐败合规的员工给予奖励，激励员工遵守合规规定，积极参与反腐败合规工作。处罚和奖励机制的建立，能够在一定程度上强化员工对反腐败合规的重视和遵守，进而加强整体合规文化的建设。

第八章

境外投资环保合规

随着全球化的深入和共建"一带一路"倡议的推进，中国企业在境外投资和建设项目中面临着越来越多的环境保护要求与合规挑战。环保合规不仅是企业合法经营的基本要求，也是企业履行社会责任和实现可持续发展的重要体现。

环保合规是中国企业境外投资成功与可持续发展的关键因素。通过遵守环保法律法规，实施有效的环境管理措施，中国企业不仅能降低环境因素带来的风险，提升企业形象，还能实现经济和环境的双赢，促进全球绿色发展。

本章将首先介绍中国生态环境部和商务部联合发布的《对外投资合作建设项目生态环境保护指南》，该指南为中国企业在境外投资和建设项目中如何遵守环保法律法规提供了明确的指导。同时本章还将介绍部分投资东道国的相关生态环保法律法规与政策，帮助企业了解、遵守部分东道国的环境保护规定。在此基础上，本章还将提供环保合规操作指引，涵盖从项目规划、建设、运营到退出的各个环节，指导企业在整个项目全生命周期中实施有效的环境管理措施，控制污染、应对气候变化、保护生物多样性，降低环境风险，实现经济和环境效益的双赢，促进全球绿色发展。

第一节 《对外投资合作建设项目生态环境保护指南》

一、《指南》出台背景与意义介绍

2022 年 1 月 6 日，中国生态环境部与商务部联合发布了全新《对外投资合作建设项目生态环境保护指南》（环环评〔2022〕2 号）（以下简称"指南"）[①]。该

[①] 生态环境部办公厅，商务部办公厅. 关于印发《对外投资合作建设项目生态环境保护指南》的通知 [EB/OL]. (2022-01-05)[2024-07-04]. https://www.mee.gov.cn/xxgk2018/xxgk/xxgk05/202201/t20220110-966571.html.

《指南》对 2013 年商务部和原环境保护部发布的《对外投资合作环境保护指南》（商合函〔2013〕74 号）进行了全面修订，进一步对规范企业对外投资合作中的环境保护行为，引导企业积极履行环境保护责任，推动对外投资合作可持续发展，发挥了积极作用。

2022 年出台的《指南》共 25 个条款，进一步明确了生态环境的定义、适用范围，梳理了项目全生命周期管理流程，同时对重点行业和新兴环境问题，《指南》也提出了具体要求。这份《指南》不仅对提升中国企业在境外投资项目的环保管理水平起到至关重要的作用，也显示了中国在应对全球环境挑战方面的积极态度，它不仅为中国企业在境外投资与经营实践时提供了明确的指导，而且是目前我国为指导企业对外投资环境管理而出台的最全面文件。《指南》的发布将促进中国企业在境外实现更加绿色、可持续的发展，为构建人类命运共同体作出积极贡献。

二、《指南》关于"绿色项目全生命周期"的规定

《指南》为企业对外投资提供了详细的生态环境管理指引，涵盖项目全生命周期的各个阶段，从规划与评估、建设、运营到项目退出全过程，"绿色项目全生命周期"环境管理理念的提出，为企业在境外投资的每一个环节都注入了环保的思想。以下将详细介绍"绿色项目全生命周期"的相关内容。

（一）项目规划与评估阶段

企业应先进行环境尽职调查、环境监测和环境影响评价（EIA）。《指南》不仅要求企业遵循东道国（地区）的法律，还鼓励在东道国（地区）环境治理水平较低的情况下，采用国际通行规则标准或中国更严格的标准。通过生物多样性调查，企业能够及时发现潜在的环境风险，从而确保项目选址的合理性，并提前规划风险防范措施。此外，《指南》还建议企业可以选择具有国际环境合规管理经验的咨询服务机构，以确保环境评估的准确性和专业性。

(二) 项目建设阶段

在项目建设阶段，企业应采取有效措施减少对环境的不利影响。具体措施包括控制污染（如空气、水、噪声、振动）和减少温室气体排放。《指南》要求企业在建设过程中对受影响的生态系统进行及时恢复，并优先购买环保产品。此外，企业还应通过多种方式与当地社区进行互动，听取社区对环境影响的建议，以提高项目的透明度和社会接受度。

(三) 项目运营阶段

在项目运营阶段，企业应建立健全的环境监测管理制度。该管理制度应包括监测和记录污染物排放情况，以确保项目运营过程中的环境合规性。同时企业还需提供环境应急预案和预防工具，包括预警系统和应急支持措施，以应对可能的环境突发事件。

为进一步提升环境管理水平，企业应申请环境管理体系认证，并指定专人负责生态环境保护工作。通过制定有效的环境管理制度和应急预案，企业能够及时应对和处理环境风险，确保项目的可持续运营。

(四) 项目报告阶段

在项目报告方面，《指南》要求企业定期发布环保合规信息和项目执行环境法律法规的情况。这一举措不仅提高了企业的环保透明度，也为企业与受影响的社区、社会团体以及公众之间建立了有效的沟通桥梁。通过信息共享和环保理念的传播，企业能够更好地获得社会各界的理解和支持，进而为项目的长期稳定运行奠定坚实基础。

(五) 项目退出阶段

在项目退出阶段，《指南》要求企业确保境外项目和投资在退出、拆除和关闭过程中的环境保护符合当地法律或国际实践标准。企业需制订详细的退出计划，确保所有产生的环境问题均得到妥善处理，避免对环境造成长期的负面影响。

三、《指南》关于"超越东道国规则"的规定

中国企业在过去几十年的境外投资与经营中，通常遵循东道国相关的法律法规，以获取相关许可、证照及融资。然而，由于东道国的环境治理体系和标准参差不齐，一些国家的环境法规规定不明确或执法不完善，导致在这些国家开展业务的企业面临较高的环境和社会风险。这不仅增加了企业的环境合规风险，也带来了相应的金融风险，进而限制企业获得国际融资的机会。为此，《指南》还建议企业在东道国投资时，如东道国的环境标准较低，则可以采用更为严格的国际标准或中国标准，以确保环境合规和可持续发展。

2022年出台的这份《指南》与一些国际组织发布的文件中针对中国境外投资的建议相一致。例如，共建"一带一路"倡议绿色发展国际联盟（BRIGC）于2021年底发布了《"一带一路"项目绿色发展指南》[①]，并提出了共建"一带一路"项目"交通灯"系统。"交通灯"系统可以从污染、气候和生物多样性三个环境维度评估所有项目的环境风险和贡献。另外，企业在环境和社会责任评估及尽职调查中还是应遵循国际惯例，建立生态环境保护规章制度，完善内部环境管理体系。

四、《指南》关于"重点行业管理要点"的规定

（一）能源项目

在境外开展能源项目时，企业应优先考虑清洁、绿色的可再生能源项目。这不仅符合全球可持续发展的趋势，也是企业社会责任的体现。在项目的规划、建设和运营过程中，企业应严格遵守当地的环保法规，确保废气、废水和其他污染

---

① "一带一路"倡议绿色发展国际联盟（BRIGC）.《"一带一路"项目绿色发展指南》二期[EB/OL].(2021-10-26) [2024-07-04]. http//www.brigc.net/zcyi/bgxz8021/202110/PO20211025595889060434.pdf.

物的排放符合相关标准。同时，企业还应采取有效措施控制温室气体排放，以应对全球气候变化。

（二）水利水电项目

水利水电项目在境外投资中占有重要地位，但这类项目往往对生态环境有较大影响。因此，企业在实施水利水电项目时，应尽量避免占用自然保护区和重要生物栖息地。在流域范围内合理布局，优化工程设计和施工组织，减少对生态环境的破坏。同时，企业应采取水生生物栖息地保护、水生生物通道建设、增殖放流等措施，以减轻对水生生物的影响。同时对于保护性野生动植物及其生境，企业还应积极采取工程防护、异地移栽、救助、生境恢复等措施，确保生态环境的平衡与稳定。

（三）石油化工项目

石油化工项目具有高污染、高风险的特点，因此在境外投资中企业需要特别关注环保合规问题。企业应加强污染治理设施的建设和运维，确保污染物和温室气体的排放量达到最低。同时，完善环境风险防控措施，预防并应对可能发生的环境事故。通过这些措施，企业可以降低对当地环境的影响，保障项目的可持续发展。

（四）矿山开采项目

矿山开采项目对环境的破坏尤为严重，特别是重金属污染问题。在境外投资矿山开采项目时，企业应采取有效的污染治理措施，严格控制各项污染物的排放。同时，加强固体废物的综合利用，减少产生量、贮存量，并做好尾矿库、矸石场等固体废物贮存场所的加固和防渗工作，防止污染地下水源。此外，企业还应注重生态修复和生物多样性保护，减少生态破坏和土地占用，实现矿山的绿色开采。

（五）交通基础设施项目

交通基础设施项目是境外投资的重要组成部分，但企业在建设过程中往往会对自然环境造成一定影响。因此，企业在实施这类项目时，应按照绿色、低碳、可持续发展的要求，合理选线选址，尽量避免占用或穿越自然保护区和重要野生生物栖息地。若确实无法避免，企业应采取无害化穿越、建设野生生物通道等减缓或补偿措施。在施工过程中，企业还应合理安排施工组织方式，减少土石开挖和临时场地占用，减轻对野生生物及周边居民的噪声、扬尘等影响。施工结束后，企业应及时开展生态环境恢复工作，确保项目的环保合规性。

第二节　部分投资东道国生态环境法规介绍

一、美国生态环境法规介绍

美国的环境法规体系复杂而严密，涵盖空气、水、土壤、化学品管理和生物多样性保护等多个方面。了解这些法规对于境外企业在美国投资起着至关重要的作用。

（一）《国家环境政策法》

《国家环境政策法》要求联邦政府在进行任何重大联邦行动之前，必须对环境影响进行全面评估，其核心机制是环境评估和环境影响报告书，其目标是通过系统分析确定项目可能对环境造成的影响，并寻找避免或减轻这些影响的措施。《国家环境政策法》鼓励公众参与，要求联邦机构在决策前公开相关信息，并征求公众意见。

适用范围：所有联邦政府的重大行动，包括项目的建设、许可和资助。例如，建设大型基础设施项目，如高速公路、水坝或输电线路，都需要遵循该法案规定。

（二）《清洁空气法》

《清洁空气法》设定了国家环境空气质量标准，旨在保护公众健康和环境。该法案规定了主要污染物的排放标准，如二氧化硫、氮氧化物、一氧化碳、颗粒物和挥发性有机化合物。同时《清洁空气法》还要求各州制定和实施国家空气质量标准，以确保各州符合联邦标准。此外，《清洁空气法》还包括对移动源（如汽车和飞机）和静态源（如工厂和电厂）的具体排放限制。该法案的目标是通过减少空气中的有害污染物来预防呼吸系统疾病、心脏病和其他健康问题。

适用范围：工业排放、机动车排放以及其他可能导致空气污染的活动。例如，工厂排放的废气、汽车排放的尾气等都在《清洁空气法》的监管范围内。

（三）《清洁水法》

《清洁水法》规定了水体的污染控制，包括对点源污染（如工业废水排放）和非点源污染（如农业径流）的管理。该法案要求所有向美国，排放污染物的活动必须获得国家污染物排放消除系统许可。此外，《清洁水法》还要求各州制定总最大日负荷计划，以控制和减少水污染。该法案旨在确保所有美国水体达到"可游泳和可饮用"的标准。

适用范围：所有向美国水体排放污染物的活动，如工厂废水排放、城市径流等。

（四）《有害物质控制法》

《有害物质控制法》管控化学品的制造、使用、分销和处置。该法案要求对新化学物质进行审查，并对现有化学物质进行评估和管理。同时《有害物质控制法》还赋予了美国环保署权力，以限制或禁止对人类健康和环境有重大风险的化学物质，确保所有化学品在进入市场之前都经过严格的评估和测试。

适用范围：所有化学品的生产商和进口商。例如，制造或进口新的化学品之前，必须向美国环保署提交预制通知，并获得批准。

（五）《资源保护和回收法》

《资源保护和回收法》管理有害废物的生成、运输、处理和处置。该法案规定了有害废物的识别、生成者的责任、运输商和处理设施的操作要求。同时《资源保护和回收法》还包含地下储罐管理和固体废物管理的规定。《资源保护和回收法》旨在通过适当的废物管理措施，防止有害废物对环境和人类健康的危害。

适用范围：所有产生、处理和处置有害废物的实体。例如，工厂产生的有害废物必须按照《资源保护和回收法》的规定进行处理和处置。

（六）《濒危物种法》

《濒危物种法》保护濒危和受威胁物种及其栖息地。该法案要求制订复苏计划，保护栖息地，并限制和禁止对濒危物种的有害活动。《濒危物种法》赋予联邦政府权力，可以采取紧急措施保护濒危物种，维护生物多样性。

适用范围：所有影响濒危物种及其栖息地的活动。例如，任何可能对濒危物种构成威胁的开发项目必须遵循《濒危物种法》的规定。

二、泰国生态环境法规介绍

泰国的生态环境法规涵盖多个方面，从自然资源保护到污染控制和生态系统管理。以下是对泰国主要环境法规的介绍。

（一）《国家环境质量促进和保护法》

《国家环境质量促进和保护法》确立了泰国对其自然资源和生态系统的保护框架。它涵盖森林、土地、水资源和野生动植物等自然资源的管理和保护。该法规定了资源的可持续利用原则，以确保未来世代也能享受自然资源。

适用范围：所有影响泰国自然资源的活动，包括森林砍伐、土地使用变更、水资源开发和野生动植物保护等。

（二）《水资源法》

《水资源法》规定了泰国水资源的管理和保护措施，包括河流、湖泊和地下水的使用、开发和保护。范围涵盖水资源的分配、水质保护和污水排放的规范。

适用范围：所有涉及泰国水资源的活动，包括农业灌溉、工业用水和城市供水等。

（三）《空气和环境质量法》

《空气和环境质量法》设立了对空气质量和环境质量的监测和管理体系，以保护公众健康和环境。包括对工业和交通排放的控制措施，以减少空气污染和有害物质的排放。

适用范围：所有可能导致空气和环境质量下降的活动，如工业排放、交通运输和废物处理。

（四）《生物多样性保护法》

《生物多样性保护法》旨在保护泰国丰富的生物多样性，包括野生动植物和其栖息地的保护。该法确立了保护区和自然保护区的设立和管理制度，以及对开发活动的限制和审查机制。

适用范围：所有可能影响到生物多样性的开发项目，包括森林砍伐、土地开垦和基础设施建设等。

三、沙特阿拉伯生态环境法规介绍

沙特阿拉伯的生态环境法规主要由多个法律、法规和行政命令组成，涵盖空气质量、水资源管理、土壤保护、废物管理和环境影响评估等多个领域。以下是对沙特主要环境法规的介绍。

（一）《环境法》

《环境法》是沙特阿拉伯的基础环境法律，旨在保护和改善环境质量，促进可持续发展。该法规定了环境管理的基本原则和目标，包括预防污染、保护自然资源、推动环境教育和公众参与等。

适用范围：所有在沙特境内进行的可能对环境产生影响的活动，包括工业生产、建筑工程、农业和城市发展等。

（二）《水资源管理法》

《水资源管理法》确立了对沙特阿拉伯水资源的管理和保护框架，包括河流、湖泊、地下水和海水的使用、开发和保护。范围涵盖了水资源的分配、水质保护、水文监测和水资源的可持续利用。

适用范围：所有涉及沙特水资源的活动，包括农业灌溉、工业用水、城市供水和沙漠绿化等。

（三）《空气质量法》

《空气质量法》设立了对沙特阿拉伯空气质量的监测和管理制度，以减少空气污染和有害物质的排放，包括对工业和交通源排放的控制措施，以保护公众健康和环境。

适用范围：所有可能导致空气质量下降的活动，如工业生产、交通运输和废物焚烧等。

（四）《废物管理法》

《废物管理法》规定了对沙特阿拉伯废物的生成、收集、运输、处理和处置的管理要求，包括危险废物和非危险废物的分类、储存、运输和最终处置的详细规定。

适用范围：所有在沙特境内产生的废物，包括工业废物、医疗废物、城市垃圾和特殊废物等。

第三节　环保合规操作指引与建议

一、境外投资环保合规操作流程

环保合规是企业在全球范围内开展各类境外投资项目时，必须严格遵循的一套系统性规范，它是确保企业活动符合国际及投资当地环境保护法律法规要求，促进可持续发展战略实施的关键要素。在全球经济一体化加速推进的背景下，境外投资项目不仅承载着企业拓展国际市场的重任，其环保合规性还直接关系到企业的国际形象、品牌信誉以及项目的长期经济效益和社会影响。因此，一套全面、细致的环保合规制度，对于帮助企业有效识别并管理环境风险、增强社会责任感、促进与当地社会的和谐融入具有不可估量的价值。

对于所有境外投资项目，环保合规应作为一种核心理念贯穿于项目的整个生命周期，从项目筹备到实施，直至最终退出，每一步都需提前做好规划。尽管不同类型的投资项目（如资源开发、制造业、基础设施建设等）在具体的环保合规操作细节上会有所差异，但大致可以归纳为以下几个关键阶段，下文以境外投资建工类项目为例，阐述环保合规所涉的四个阶段：项目前期、建设期、运行期及退出期。

（一）项目前期

- 开展环境尽职调查：对项目所在地的环境进行全面评估。
- 做好本底调查监测：确立项目前的环境状况基线。
- 依法开展环境影响评价：确保项目符合国家及地方环保法规。

（二）建设期

- 坚持绿色施工：采用环保材料和施工方法，减少对环境的影响。

- 因地制宜开展生态修复：根据施工影响，采取相应措施进行生态恢复。

（三）运行期

- 做好运营管理和环境监测：定期监测环境指标，确保合规运营。

- 采取措施减少污染物排放：通过技术革新和管理优化降低排放。

- 构建绿色供应链管理体系：推广环保理念，提高资源利用效率。

（四）退出期

- 依法做好生态环境保护工作：在项目结束或企业退出时，遵循相关法规进行环境清理和恢复工作。

二、对"走出去"企业的环保建议

（一）深入了解并遵守当地环保法规

"走出去"企业在投资前，务必深入研究目标投资国家的环保法规。这些法规可能涉及环境影响评估、排放控制、水资源管理、废物处理等多个方面，了解并遵守这些法规是确保项目顺利进行的基础。

（二）进行环境影响评估

"走出去"企业在项目启动前，应进行详细的环境影响评估（EIA）。这有助于识别项目可能对环境产生的影响，并采取相应的预防措施。同时，公开 EIA 结果并征求公众意见，可以增强项目的透明度和公信力。

（三）获取必要的许可和证书

"走出去"企业须根据东道国法规要求获取所有必要的排放、使用和处理许可。这些许可可能涉及空气质量、水质、废物处理等多个方面。确保在项目开始前获得所有相关许可，以避免未来的法律纠纷和运营风险。

（四）实施环保管理系统

"走出去"企业建立和维护一个有效的环保管理系统是至关重要的。该系统应定期监测和报告项目的环境表现，确保持续合规。同时，对员工进行环保法律和合规培训，提高他们的环保意识和操作技能。

（五）与当地社区和政府保持良好合作

与当地社区和政府保持良好沟通与合作是确保项目顺利进行的关键。及时了解和响应他们的关切和需求，可以降低潜在的社会和环境冲突。

三、违反环保法规的后果及案例介绍

（一）法律处罚

违反环保法规可能面临高额罚款、项目停工或撤销许可证等法律制裁。这些处罚不仅会影响项目的经济效益，还可能对企业的声誉造成长期损害。

（二）运营风险

环境违规行为可能导致项目运营中断，增加运营成本和风险。例如，未获得必要的排放许可或违反排放限制可能导致项目被停工或受到其他制裁。

（三）声誉和关系受损

环境违法行为可能损害企业在当地的声誉和政府、社区关系。这可能会影响企业未来的业务机会和发展前景。

（四）相关案例介绍

1. Glamis Gold Ltd. v. United States of America

案例概述：该案涉及一家加拿大公司 Glamis Gold Ltd.，该公司代表其在美国加州投资的东道国企业 Glamis Gold Inc. 和 Glamis Imperial Corporation，向国际投资争端解决中心（ICSID）提出仲裁请求。Glamis Gold Ltd. 主张美国联邦政府和加州的某些措施违反了《北美自由贸易协定》（NAFTA）的相关规定，特别是第 1110 条，不仅导致其投资被征收，并认为这些措施也违反了国际最低待遇标准。

具体来说，Glamis Gold Ltd. 声称，关于露天采矿作业的相关法规和政策导致其投资受损。然而，在 2009 年 7 月 8 日，仲裁庭发布了最终裁决，全面驳回了 Glamis Gold Ltd. 的请求。仲裁庭支持了美国政府为保护环境所采取的措施，并裁定 Glamis Gold Ltd. 需要承担案件仲裁成本的三分之二。

案例启示：本案凸显了一国进行环境保护的权利和重要性。当投资者行为与环境保护相冲突时，国际仲裁机构更倾向支持保护环境的措施。因此，投资者在进行跨国投资时，需要充分了解并遵守东道国的环境法律和政策。在本案中，Glamis Gold Ltd. 的请求被驳回，部分原因是其未能充分考虑到并遵守美国的环境保护规定。随着对国际投资争端解决机构裁决正当性要求数量的增加，当投资者的行为可能对东道国环境造成不利影响时，即使投资者提出异议，也很难获得有利的裁决。

2. 案例名称：通用汽车排放超标案

案例概述：美国政府曾对通用汽车（GM.US）进行调查，发现该公司约 590 万辆汽车的排放超过了规定标准。此事件引起了美国环保署（EPA）和美国国家公路交通安全管理局（NHTSA）的高度关注，并对通用汽车进行了相应的处罚。

经过多年的调查，美国环保署发现通用汽车 2012—2018 车型年的汽车平均排放的二氧化碳比该公司最初的合规报告所声称的高出 10% 以上。这些车辆主要包括 460 万辆 2012—2018 年全尺寸皮卡和 SUV，以及约 130 万辆 2012—2013 年中型 SUV。处罚措施：（1）通用汽车将支付 1.458 亿美元的罚款给 NHTSA，以解决燃油经济性合规问题。（2）通用汽车同意放弃约 5000 万吨的碳排放配额。（3）取消 2008—2010 车型年的逾 3060 万燃油经济性积分。

此事件对通用汽车产生了重大的经济和声誉影响。此外，随着全球对环保问题的日益关注，此类排放超标事件将对企业的长远发展产生深远影响。NHTSA 还表示，到 2031 年，通用汽车可能因未达到新的燃油经济性标准而面临额外的罚款。

案例启示：投资者在评估潜在投资项目时，必须充分考虑企业在环境合规方面的表现。通用汽车的案例表明，环境违规行为可能导致重大的财务和法律后果，包括高额罚款和声誉损害，这些都可能对公司的财务状况和市场地位产生长期负面影响。在作出投资决策之前，投资者应进行深入的尽职调查，这有助于识别潜在的环境风险，并据此调整投资策略。通用汽车的案例提醒投资者，应制定全面的风险管理策略，以应对可能的环境合规风险，包括定期评估投资组合中的环境风险，以及建立应对潜在违规行为的预案。

五、境外投资环保合规的体系建设

境外投资环保合规体系建设是企业在境外投资经营活动中，为确保自身行为符合环境保护、社会责任和公司治理等方面的国际标准而建立的一套管理体系。这一体系的建设不仅关乎企业的道德责任和社会形象，还直接影响到企业的长期竞争力和市场地位。

在当今全球化背景下，ESG 合规指标已成为衡量企业可持续发展能力的重要标尺。ESG，即环境（Environmental）、社会（Social）和治理（Governance）的缩写，其已逐渐演变为投资决策和企业经营的关键评价标准。目前，世界多国均在在逐步完善与 ESG 相关的合规管理要求，企业的 ESG 合规情况已成为投资者和合作伙伴评估其可持续发展潜力的重要依据。因此，建立健全的境外投资环保合规体系，对于企业实现可持续发展、赢得投资者和合作伙伴的信任与支持至关重要。这不仅有助于提升企业的品牌形象和市场竞争力，也是企业走向国际化、实现长远发展的必由之路。中国电力国际发展有限公司（下称"中国电力"）下属澳大利亚太平洋水电公司（下称"太平洋水电"）作为中国电力在澳大利亚的子公司，在 ESG 合规方面展现了高度的专业性和系统性。接下来将以太平洋水电的 ESG 合规建设体系为例，阐述境外投资环保合规体系建设的相关内容。①

（一）ESG 合规组织体系

1. 董事会层面的领导与决策

（1）董事会是 ESG 合规管理的第一责任主体和决策中心，负责制定 ESG 合规战略，审议相关制度与报告，确保合规工作的顶层设计与决策。

（2）审计与合规委员会则负责具体审议季度报告、专项工作计划等，保障合规透明有效。

2. 管理层及法律合规团队

（1）管理层在董事会指导下，负责拟订 ESG 合规体系建设方案，组织制定基本制度和制订年度计划。

（2）总法律顾问作为牵头人，协调监督内部 ESG 合规工作。

（3）法律与合规部则具体开展合规工作，如义务识别、风险评估等。

3. 业务部门参与

各业务部门设置兼职合规管理员，将 ESG 合规要求融入日常业务，确保基层有效执行。

（二）ESG 合规工作流程与工作机制

1. ESG 合规的义务识别与责任分配

（1）ESG 合规首先需要识别相关业务所在地法律法规涉及的义务，利用内外资源持续识别 ESG 合规义务；其次，根据业务的实际情况和法律变动进行相应更新。

（2）识别出的合规义务应明确分配到具体部门和相应责任人。

---

① 陶朗道，于越. 中国企业国际合规蓝皮书[M]. 北京：中国经济出版社，2024.

2. ESG 合规风险管理

（1）基于上述义务识别，需要结合公司实际经营情况进行风险识别与评估。

（2）分配风险管理责任，制定应对措施和监控计划，并定期提交风险表单供审议。

3. ESG 合规审计与监督

（1）常规性合规事宜采用内部评价，专业或法律变动大的领域则聘请外部机构进行审计。

（2）通过审计，将审计结果作为改进依据，持续跟踪不符合项，进行完善调整，直至闭环。

4. ESG 合规管理有效性评价

每三年邀请第三方机构进行全面评估，根据结果改进提升合规管理体系。

5. ESG 合规报告与信息披露

管理层定期制作报告向董事会汇报，同时向主管单位和社会公众公布专项报告，以提升公司治理透明度。

太平洋水电公司在 ESG 合规管理方面开展了深入且全面的工作。在环境合规方面，公司严格遵守澳大利亚的环境保护法规，积极参与碳减排行动，并将低碳要求融入采购和员工行为中。在社会合规领域，太平洋水电注重职业安全、社区发展、消费者数据保护，并特别关注中小企业保护，积极参与社区项目并加强消费者信息保护。治理合规管理方面，公司依据澳大利亚《公司法》及 ESG 指南构建规范的公司治理体系，并加强信息披露工作。

这些 ESG 合规管理工作取得了显著成效。太平洋水电公司成功避免出现 ESG 不合规事件，不断提升其社会形象，并获得了融资方、消费者、政府和社区的广泛认可。

中国企业境外
投资合规指引

ISBN 978-7-5103-5492-2

9 787510 354922

定价：98.00元

责任编辑：陈红雷
封面设计：北京九州迅驰传媒文化有限公司